KB153616

주니어 13 대학

글쓴이 │ **김준형**

연세대학교 정치 외교학과를 졸업하고 미국 조지 워싱턴 대학에서 정치학 석사와 박사 학위를 받았다. 한동대학교에서 국제 정치를 가르쳐 왔다. 국제 정치 이론, 미중 관계 및 북한을 포함한 동북아 국제 관계가 주요 관심 분야이지만, 정치와 외교 외에 다양한 사회 현상에도 관심이 많다. 풀브라이트 교환 교수로 미국 대학에서 강의를 했고, 여러 민간 연구소와 연구 포럼 등에서 활동하며 한반도 평화 포럼에서 기획 위원장을 역임했다. 현재 국립외교원 원장으로 복무하고 있다. 정치와 외교에 관련된 많은 학술서와 논문을 집필하는 외에도 신문과 잡지 등에 칼럼을 기고하고 있으며, TV나 라디오에도 전문 분야에 관한 해설을 위해 자주 출연한다. 어른들을 위한 교양서는 물론이고 어린이와 청소년들을 위한 책들을 시간과 힘이 닿는 데까지 써 왔다.

그린이 │ **나오미양**

이화여자대학교에서 의류 직물을 전공하고, 일러스트레이터로 활동하고 있다. 그림을 그리며 멋진 정원을 가꾸는 게 미래의 꿈이다. 꿈을 가꾸는 정원사의 마음으로 다양한 책에 그림을 그리고 있다. 그린 책으로 『저주 받은 학예회』, 『청소녀 백과사전』, 『성적표』, 『감정종합선물세트』, 『사라진 소녀와 그림 도둑』 등이 있다.

 내 한 표에 세상이 바뀐다고? │ 정치 외교학

1판 1쇄 펴냄 · 2016년 2월 19일   1판 4쇄 펴냄 · 2020년 7월 15일

지은이	김준형
그린이	나오미양
펴낸이	박상희
편집 주간	박지은
기획 · 편집	이해선
디자인	김민해
펴낸곳	(주)비룡소
출판등록	1994.3.17.(제16-849호)
주소	06027 서울시 강남구 도산대로1길 62 강남출판문화센터 4층
전화	영업 02)515-2000 팩스 02)515-2007 편집 02)3443-4318,9
홈페이지	www.bir.co.kr
제품명	어린이용 반양장 도서
제조자명	(주)비룡소
제조국명	대한민국
사용연령	3세 이상

ⓒ 김준형 2016. Printed in Seoul, Korea.

ISBN 978-89-491-5363-6 44340 · 978-89-491-5350-6(세트)

이 도서의 국립중앙도서관 출판시도서목록(CIP)은 서지정보유통지원시스템 홈페이지(http://seoji.nl.go.kr)와 국가자료공동목록시스템(http://www.nl.go.kr/kolisnet)에서 이용하실 수 있습니다.(CIP제어번호: CIP2016001785)

내 한 표에
세상이
바뀐다고?

정치
외교학

김준형 글   나오미양 그림

🐸비룡소

| 차례 |

'좋은 정치' 그리고 '평화'라는 두 가지 가치는 제가 정치 외교학을 전공하는 학자로서, 한국 사회를 살아가는 시민으로서 간직한 소망이자 늘 연구하는 문제입니다. 이 둘은 행복한 삶을 살기 위한 가장 기본적인 조건이라고 할 수 있어요.

좋은 정치는 우리를 행복하게 만들고, 나쁜 정치는 우리를 불행하게 만듭니다. 특히 정치는 강자보다 약자를 위해 우선적으로 존재해야 합니다. 제한된 자원을 놓고 서로 갈등하는 인간 사회에서 공평하게 조정하는 정치가 없다면 힘없고 가난한 사람들은 행복해질 수 있는 가능성이 없어지기 때문이지요. 강자가 모든 것을 독점하는 짐승의 세계는 이미 정치가 없는 세계라고 할 수 있습니다. 그러므로 정부와 정치인이 있는데도 힘 있는 자나 돈 많은 사람들이 약하고 가난한 사람들의 몫까지 모조리 가져간다면 그 정치는 인간 사회를 동물의 세계로 만드는 나쁜 것입니다.

평화는 어떤가요? 평화는 행복의 필요조건이지만, 전쟁은 모든 것을 파괴하고 사람들을 불행에 빠뜨립니다. 외교를 통해 이루고자 하는 가장 큰 목적은 전쟁을 막는 것입니다. 외교는 비극적인 전쟁을 치르지 않고서도 국가의 이익을 챙길 수 있게 해 주고, 다른 국가들과 함께 평화롭게 지낼 수 있는 가장 바람직한 방법이에요. 과거나 지금이나 한반도는 미국, 중국, 러시아, 일본 등 온통 강대국들에게 둘러싸여 있어요. 또 남북으로 갈라져 서로를 향해 총구를 겨누고 있지요. 이런 역사와 환경 때문에 우리 민족은 세상에 어떤 민족보다 더 평화로운 삶을 원하고, 평화가 필요한 입장이랍니다. 그러므로 한국에게 외교는 너무도 큰 중요성을 가집니다.

정치 외교학은 정치학에 뿌리를 두고, 그중에서 외교 분야에 대한 배움을 좀 더 강조하는 전공이라고 요약할 수 있습니다. 정치학에 뿌리를 둔다는 의미는 국내와 국제 정치에서 사람과 사람, 국가와 국가 사이의 권력 작용을 연구하는 학문이라는 뜻입니다. 또한 정치 외교학은 지금까지 말한 '좋은 정치'와 '평화'를 통해 행복을 찾는 방법을 연구하는 학문입니다. 책을 놓지 않고 끝까지 읽는다면 정치와 외교, 그리고 정치 외교학의 세계에 대해 여러분의 눈이 활짝 열리게 될 것이라고 믿습니다. 이 책이 좋은 안내서가 되어 여러분이 훌륭한 민주 시민이자 평화를 사랑하는 세계인으로 성장해 가기를 소망합니다.

1부

갈등을
해결하는
정치학

01

인간은 정치적 동물이다!

두 얼굴을
가진

정치

정치에 관해 가장 유명한 말은 아마도 "인간은 정치적 동물"일 거예요. 고대 그리스의 철학자 아리스토텔레스가 한 말이지요. 인간은 정치를 떠나서 결코 살 수 없는 존재라는 뜻이랍니다. 이 말에서 '정치적'이라는 단어를 빼면 어떻게 될까요? '인간은 동물'이라는 말만 남아요. 즉 인간이 정치를 잃어버리면, 인간이 정치를 제대로 하지 못하면 동물이랑 다를 것이 없어진다는 뜻이지요. 원하는 것을 갖기 위해 남을 괴롭히고 힘으로 약한 자들의 것을 빼앗는 약육강식의 모습이 된다는 말이에요.

정치는 인간을 인간답게 만드는 데 꼭 필요한 행위랍니다. 정치가 필요한 이유는 나와 네가, 우리와 당신들이 서로 다르기 때문

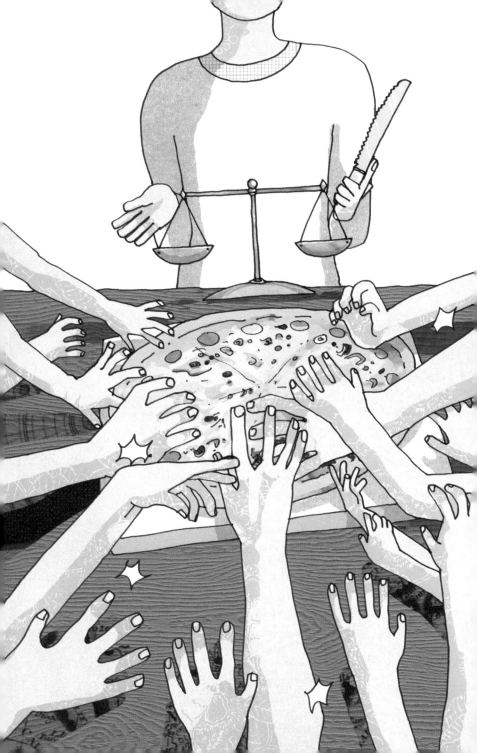

이며, 원하는 사람은 많은데 자원은 한정되어 있기 때문이에요. 즉 정치의 가장 중요한 역할은 제한된 자원을 두고 서로 더 많이 가지려는 사람들과 집단들 사이의 다툼을 조정함으로써 질서와 평화를 지키는 것이지요. 정치는 특히 힘없는 사람들이나 가진 것이 없는 사람들을 보호하는 데 중요한 역할을 합니다. 정치가 없다면 약한 사람들은 강한 사람들에게 늘 빼앗길 수밖에 없는 불공평한 사회가 될 거예요.

오늘날 민주주의는 개인의 생각과 의사를 존중해요. 그러나 모든 사람들이 자기주장만 한다면 늘 갈등과 싸움이 벌어지겠지요? 이런 혼란을 막기 위해 국가를 만들고 정치를 통해 권력을 공평하게 행사하려고 노력해요. 이렇게만 된다면 걱정이 없겠지요? 그런데 왜 지금도 불공평한 일이 벌어지고 사람들은 더 많이 가지려고 다툼을 벌일까요? 왜 국가도 있고, 정치도 있는데 돈과 힘을 가진 강한 사람들이 더 많이 가지고 약한 사람들은 가지지 못하는 일이 반복되는 걸까요? 그것은 정치를 제대로 잘하지 못해서 일어나는 일이에요.

게다가 잘못된 정치가 계속되면 사람들은 정치를 더 이상 믿지 않게 되지요. 정치를 올바르게 회복시키려 하기보다는 더러운 것으로 여겨 외면하고 멀리하게 돼요. 그러나 정치는 반드시 필요하기에 버린다고 문제가 해결되지 않아요. 정치를 외면하면 할수록 오히려 우리들의 삶은 더 어렵게 된답니다.

　우리는 좋은 정치를 위해 노력해야 합니다. 하지만 결코 쉬운 일이 아니지요. 인간에게는 욕심과 그 욕심을 참을 줄 아는 힘이 동시에 존재해요. 때로는 밝은 면이, 때로는 어두운 면이 튀어나오는 것이지요. 그래서 정치는 로마 신화에 나오는 두 얼굴을 가진 야누스에 비유돼요. 야누스는 겉으로 착한 척하면서, 속으로는 나쁜 생각을 가진 위선적인 사람들을 가리킬 때 자주 이야기돼요. 속으로는 개인적 이득과 정치적 야심을 최우선으로 여기는 이기적인 생각이 가득하면서, 겉으로는 국민을 위해 봉사하는 얼굴을 한 정치인의 모습과 잘 어울린다는 것이지요.

　정치는 그리스 신화에 나오는 상체는 사람인데 하체는 말인 켄타우로스에 비유되기도 해요. 정치가 켄타우로스처럼 반은 인간의 모습이고, 반은 짐승의 모습이라는 뜻이랍니다. 즉 정치는 정반대인 두 가지 모습을 가지고 있어요.

좋은 외교,

성공적인 외교

정치라는 말이 부정적인 이미지가 많은 데 반해 외교는 상대적으로 긍정적인 이미지인 것 같아요. 꿈을 말할 때 정치가보다 외교관이 되겠다는 것이 더 그럴듯해 보이곤 하지요.

외교는 영어로 디플로머시(diplomacy)이고, 외교관은 디플로맷(diplomat)이에요. 이 단어의 뿌리는 고대 로마에서 찾을 수 있어요. 로마 제국은 통행권이나 여행 증명서 등을 접을 수 있는 금속판으로 만들었고 이를 디플로머(diploma)라고 불렀어요. 이 단어는 그 후 점점 뜻이 확대되어 국가가 발행한 공문서를 가리키는 말이 되었지요. 외교관은 국가의 대표로서 임명장을 받고 외국에 파견되기 때문에 누구보다 이 말이 잘 어울렸어요. 외교라는 용어가 오늘날의 의미로 쓰인 것은 1796년 영국의 에드먼드 버크가 사용한 이후부터라고 전해집니다.

정치도 그렇지만 외교 역시 명확하게 정의 내리기가 쉽지 않아요. 어떤 사람은 외교를 정치라는 말과 연결해 '정치를 국가 밖으로 실천하는 일'이라고 말해요. 다른 사람들은 외교를 '국가와 국가 사이에 발생하는 일들을 처리하기 위해 다른 국가와 관계를 맺는 행동'이라고 말하기도 해요. 또 외교는 '외교 정책이 만들어지고 난 이후 이를 수행하는 과정과 방법 및 내용을 모두 포함하는 것'이라고도 말하지요. 외교를 '국가와 국가의 관계인 국제 관계에서 생기는 문제를 전쟁 같은 폭력적 수단을 사용하지 않고 대화와 협상을 통해 해결하는 수단'이라고 정의할 수도 있어요.

이 모두가 틀린 얘기는 아니랍니다. 하지만 이 중에서도 우리가 가장 주목해야 할 것은 '국가끼리 전쟁을 하지 않고 평화롭게 사는 방법'으로서의 외교라는 말이에요. 국가 사이에 갈등이 생겼을 때 어떻게 해결할까요? 예를 들면 두 나라가 땅을 사이에 두고 서로 자기 것이라고 주장하는 경우가 있어요. 이때 "외교적으로 해결하자."는 말을 해요. 그게 무슨 뜻이지요? 네, 맞아요! 국제 문제를 외교적으로 해결하자는 말은 전쟁하지 않고 평화롭게 해결하자는 뜻이에요. 전쟁도 곧 외교의 일부라는 주장도 있지만, 대부분은 국가 사이의 문제를 전쟁이란 폭력으로 해결하지 않고 평화로

운 방식으로 해결하는 것을 외교라고 해요.

그렇지만 좋은 정치를 하기가 어렵듯이, 외교를 통해 문제를 평화롭게 해결하는 일도 결코 쉽지 않아요. 무력을 쓰지 않고 국가의 이익을 챙기려는 것이기 때문에 오히려 훨씬 더 어렵다고 볼 수도 있어요. 좋은 외교, 성공적인 외교란 상대방으로 하여금 나의 방법을 선택하게 하는 기술이기도 해요. 외교는 국가 대 국가의 일이지만, 사람이 하는 일이기 때문에 상대방이 나에 대해 좋은 인상을 갖게 해야 하고, 상대방을 설득하는 기술이 좋아야 합니다. 게다가 상대 국가의 외교관도 똑같은 생각을 하면서 더 적게 주고, 더 많이 얻어 내려 하기 때문에 치열한 힘겨루기가 벌어져요. 그래서 외교관은 각 나라에서 똑똑한 인재들을 뽑은 다음, 오랜 기간 전문적인 훈련을 통해 키워 냅니다.

세계는 약 250개의 국가들로 이루어져 있어요. 다른 나라에 침략을 당해 나라를 잃어버리면 국민들이 누리던 자유롭고 공평한 사회는 완전히 불가능해집니다. 우리나라도 과거 일본에 우리의 주권을 잃고 노예처럼 불행하게 살았던 적이 있어요.

외교는 수백 개의 국가가 서로 많은 이익을 얻고자 하고, 목표를 위해 전쟁까지 벌일 수도 있는 상황에서 국익을 챙기는 행위예요. 그러므로 정치를 잘못하면 짐승과 같은 사회가 되는 것처럼, 외교를 잘못하면 국민을 큰 불행으로 빠뜨릴 수 있답니다.

정치 외교학이란

무엇일까?

정치 외교학은 앞에서 간단하게 설명한 정치와 외교에 관한 학문이에요. 우리가 몸담고 살아가는 사회와 관련된 공부를 하는 경제학, 인류학, 사회학, 법학 등과 함께 사회 과학에 속해요. 이 중에서 정치학은 가장 범위가 넓고, 오래된 학문 중 하나예요. 가장 범위가 넓은 이유는 권력과 관계된 것은 모두 정치학의 대상이라고 할 수 있기 때문이고, 가장 오래되었다는 근거는 고대 중국이나 고대 그리스 시대에 이미 정치학이 시작되었기 때문이랍니다.

정치가 유한한 자원을 놓고 서로 더 많이 가지려는 개인 및 집단 간의 갈등을 해결하고 행복과 평화를 달성하는 과정이라면, 정치학은 어떻게 행복과 평화를 이루어 낼 것인가에 대한 해답을 찾는 학문이라고 할 수 있어요. 행복과 평화를 방해하는 주요 원인은 폭력과 전쟁이겠지요? 따라서 정치학은 국내 정치에서 구성원들 간의 갈등을 폭력을 통하지 않고 해소하고, 국제 정치에서 국가 사이의 갈등을 전쟁을 통하지 않고 해결하는 방법을 연구하는 학문이라고 할 수 있어요.

정치학은 또한 '결정'에 관한 학문이에요. 즉 사람과 사람, 집단과 집단 그리고 계획과 계획 사이에서 어떻게 결정을 하고, 그 결정이 사람들의 삶에 어떤 영향을 미칠지에 대해서 연구하는 학문이에요. 최선의 결정을 위해서는 당연히 여러 가지 복잡한 원인들을 잘 분석하고 설명할 줄 알아야 해요. 정치학은 어떤 결정에 따르는 여러 장단점을 미리 생각해 봄으로써 실수를 줄이고 좋은 결정을 할 수 있는 가능성을 높이는 학문이에요.

정치학을 하는 사람들은 사람들의 관계는 물론이고 집단, 국가의 모든 관계를 권력 관계로 바라봅니다. 그중에서도 가장 중요한 것은 아무래도 국가이겠지요. 따라서 정치학은 주로 국가 권력 현상을 중심으로 연구하는 학문이랍니다.

정치는 우리 인생의 모든 면에 영향을 끼쳐요. 우리가 숨 쉬는 것부터 잠자는 것까지, 학교, 직장, 병원도 모두가 정치의 영향을 받아요. 어떻게 그런지 몇 가지 예를 들어 볼까요? 정부가 환경 정책을 어떻게 펴는가에 따라 우리가 숨 쉬는 공기의 질이 달라집니다. 이명박 정부가 추진한 4대강 사업은 하천의 모습과 특성을 많이 바꿔 놓았어요. 국민 상당수가 반대하는 데도 강행해서 많은 문제를 초래했답니다. 가뭄과 홍수를 방지한다고 했지만 녹조가 끼고, 큰빗이끼벌레가 증가했으며, 홍수 피해는 더 커졌어요. 자연환경을 변화시키는 일은 오랫동안 치밀한 계획을 세워서 신중히 해야 함에도 불구하고 성급하게 추진했어요. 결국 아름다운 우리 강산이 아파하고 있고, 그곳을 삶의 터전으로 삼아 온 사람들은 쫓겨나다시피 떠나야만 했어요.

학교 교육도 마찬가지예요. 정부가 자주 대학 입시 제도를 바꾸는 바람에 많은 학생들이 진학을 준비하는 데 큰 어려움을 겪어 왔어요. 학원을 포함한 사교육 시장이 과열되었지요. 이를 막기 위해 학교 교육을 강화하려다가 오히려 학생들에게 이중의 부담을 주기도 했어요.

더 무서운 예도 있어요. 외교 정책이 어떻게 결정되는지에 따라 평화도 가능하고, 전쟁도 가능해지지요. 일본의 아베 수상이 일본 헌법 제19조, 즉 평화 헌법을 고치면 일본의 젊은이들은 다른 나라의 전쟁에 동원될지도 몰라요. 남북한의 긴장이 고조되어 충돌이라도 일어나면 한국의 젊은이들이 전쟁터에서 목숨을 잃는 일이 현실로 다가올지도 모르지요.

스페인의 철학자 페르난도 사바테르는 정치에 관심을 두지 않고 사는 것은 만취한 조종사가 모는 비행기 안에서 테러리스트가 폭탄으로 인질극을 벌이고, 엔진 하나가 고장 난 상황에서 다른 승객들과 협동해서 문제를 해결하려 애쓰는 대신에, 휘파람을 불고 창밖을 내다보면서 승무원에게 점심을 가져다 달라고 요구하는 태도를 현명하게 여기는 것과 같다고 했어요. 고대 그리스 사람들은 정치에 무관심한 사람들을 '이디오테스(idiotes)'라고 했어요. 이 말이 오늘날 영어의 '바보(idiot)'라는 단어의 어원이에요.

우리가 정치 외교학을 공부하는 이유는 바로 우리 삶에 이토록 큰 영향을 끼치는 정치의 원리를 알기 위해서이고, 바보가 되

지 않기 위해서예요. 물론 우리가 의식을 하든지 못하든지 정치는 굴러갈 거예요. 그런데 사람에게 가장 큰 공포는 모르는 것에 관한 공포라는 말이 있어요. 그러니 알고 영향을 받는 것이 훨씬 더 낫겠지요? 알고 나면 내가 나쁜 쪽으로 영향받지 않게 대비할 수 있고, 정치를 더 좋은 쪽으로 변화시킬 수도 있어요. 정치를 알고 참여한다면 자기 운명의 주인이 되고, 이웃과 행복한 사회를 이룰 수 있답니다.

02

흥미진진한

정치학의

역사

공자가

꿈꾼 세상

　　동양에서 정치학이 시작된 시기는 매우 오래전으로 거슬러 올라가요. 기원전 8세기부터 약 500여 년 동안 중국은 여러 왕조들이 독립국을 이루고 자유롭게 겨루며 공존하고 있었어요. 이때 많은 학자들이 등장했는데 이를 제자백가라고 불러요. 이 시기에는 다양한 예술, 문화, 철학 사상이 꽃을 피웠답니다.

　수많은 철학자 중에 가장 큰 영향력을 끼친 이는 기원전 6세기에 나타난 공자였고, 그는 정치에 대해서도 깊은 통찰력을 보여주었어요. 공자는 덕이 있는 통치자가 지혜로운 사람들의 조언을 받아 나라를 다스리면서 도덕을 잘 지켜 나가면 행복하다고 했지요. 공자의 말을 모은 『논어』에는 군주가 선해지면 백성도 선해질

것이라는 이야기가 나온답니다. 도덕과 철학, 도덕과 정치가 함께 존재하고 있음을 알 수 있어요.

공자는 왕의 절대적인 권위를 인정했지만 부당하거나 어리석은 통치자는 저항에 부딪치거나 심지어 쫓겨날 수도 있다고 주장했어요. 그래서 당시 많은 제왕들은 공자의 이론을 받아들이기를 꺼렸어요. 자신들의 지위에 위협이 되는 말을 하고 다니니 당연한 반응이겠지요? 그러나 공자의 유교 사상에 기초한 정치 철학은 지금까지 깊은 영향을 끼치고 있어요.

공자의 사상은 평화로운 시기에는 잘 맞았지만, 이후 중국이 전쟁으로 돌입하면서 보다 강력하고 현실적인 법가의 사상이 중심 정치 철학으로 등장했어요. 한비자의 법가 사상은 공자가 주장했던 '선한 인간'을 믿지 않았고, 사람이란 본래 벌을 피하고 이익을 얻기 위해 행동하기 때문에 사회 질서를 위해 법을 엄격하게 정하고 처벌해야 한다는 주장을 폈지요. 또 개인보다 국가의 권위를 강조했어요.

한비자의 사상은 중국 최초의 통일 제국인 진나라의 통치 이념이 되었어요. 우리가 잘 아는 진시황은 고대 중국의 공포 정치의 화신 같은 인물이지요.

진시황은 새로운 법령과 제도에 반대하는 460여 명의 유생을 구덩이에 파묻어 버리고, 서적들을 소각시킨 '분서갱유'를 단행했다. 진시황이 채택한 법가의 법치주의는 진나라의 통치 기반을 약화시켜 진나라는 통일한 지 14년 만에 멸망하였다.

중국은 춘추 전국 시대 이후 진나라, 한나라, 삼국 시대, 위진 남북조 시대, 수나라, 당나라, 송나라, 원나라, 명나라, 청나라로 왕조 국가가 이어져 왔다.

그가 법가 사상을 좋아했던 것은 아주 자연스러운 일이에요. 왜냐하면 법가는 통치자의 도덕이나 관용이 백성을 감동시켜서 평화로운 나라, 좋은 나라를 이룰 수 있다고 믿지 않았으며, 국가가 강력한 통제력을 발휘해 백성을 절대 복종시키는 방법만이 국가의 질서를 잡을 수 있다고 생각했기 때문이에요.

이외에 다른 정치 철학도 나왔지만 중국의 정치는 인간의 선함을 믿고 평화와 이상을 중시하는 공자의 유교 사상과, 인간의 이기심을 냉소적으로 지적하며 이를 엄격하게 다루는 국가주의의 법가 사상이 시대 환경에 따라 번갈아 강조되어 왔어요. 진나라가 멸망한 뒤 평화가 오자 유교가 채택되었다가, 7세기에 수나라가 제국을 통일하기 위해 다시 법가 사상을 선택하는 식으로 일종의 순환이 일어났던 것이지요.

한편 고대 인도에서도 정치학의 뿌리가 등장했는데, 중국이나 서양처럼 정치는 철학 또는 윤리학과 결합되어 있었어요. 그래서 철학자들이 이상적인 국가나 도덕적인 리더십에 대한 생각들을 소개하고 권고했답니다.

지금의 파키스탄 지역에 있었던 탁실라 대학 출신의 학자들이 국가의 중요한 대신들로 등용되었는데, 그중에서도 카우틸랴라는 사람이 특별했어요. 그는 정치에 관한 논문 「아르타샤스트라」에서 권력의 획득과 유지에 필요한 냉정하고 객관적인 방법들을 설명했어요. 카우틸랴는 법가 사상과도 일맥상통하는 이론을 펴고, "목적이 수단을 정당화한다."는 주장을 해서 동양의 마키아벨리라고 불려요. 권력의 속성을 냉정하게 분석한 그의 사상은 이후 인도의 정치사상에 막대한 영향을 끼쳤답니다.

플라톤과
아리스토텔레스의

정치학

서양에서도 정치학은 역시 철학 또는 윤리학으로부터 시작되었답니다. 이는 다른 말로 '규범 정치학'이라고 불러요. 쉽게 말하자면 좋은 정치란 무엇인가? 올바른 통치자는 어떠한 사람이어야 하는가? 정당한 국가는 어떤 국가인가? 등 가치와 윤리의 문제를 다루는 거지요.

서양의 정치학은 플라톤과 아리스토텔레스로부터 시작되었어요. 두 위대한 철학자는 서사시나 역사에 대한 회고 등을 통해서 정치를 말했던 다른 학자들과는 달리 본격적으로 정치 체제를 집중해서 다뤘어요.

플라톤은 소크라테스의 제자로, 스승의 가르침을 이어받아 『국

가』를 집필했어요. 여기서 정의는 약자를 위해 선을 실현하는 것이며, 국가는 행복이라는 선을 실현하기 위한 집단이며, 지도자는 이를 지혜와 용기를 가지고 이루어야 한다고 주장했지요.

『정치학』을 지은 아리스토텔레스 역시 바람직한 정치와 국가를 주장했는데, 스승이었던 플라톤의 이상주의에 비해 보다 실천적인 것에 집중했어요. 플라톤은 이상적인 국가를, 아리스토텔레스는 현실적인 국가를 강조했지만 두 사람 모두 정치학을 윤리학적 관점에서 바라보았다는 공통점이 있답니다. 이후 로마의 정치학은 고대 그리스 정치학의 번역과 재현에 힘을 쏟았어요.

정치, 국가, 지도자가 마땅히 해야 할 바를 지적하는 윤리학적인 전통은 중세로 넘어가서 종교, 즉 기독교와 연결이 돼요. 철학과 정치적 전통을 기독교적 관점으로 재해석하는 것들이 주를 이루었지요. 특히 이 시기에는 플라톤보다는 아리스토텔레스의 현실주의가 토마스 아퀴나스에 의해서 다시 강조되었어요.

사실 기독교는 아퀴나스 이전까지는 아리스토텔레스보다 플라톤의 사상과 더 잘 맞았답니다. 왜냐하면 이성적이고 논리적으로 이해하기보다는 보이지 않는 초월적 신에 대한 이상과 관념을 그대로 믿었기 때문이지요. 즉 '이해하기보다는 믿어라.'라는 식이었고, 신을 이성이나 논리로 이해하려는 시도는 신에게 도전하는 신성 모독으로 여겨졌거든요.

하지만 아퀴나스는 아리스토텔레스의 영향을 받아 이데아의 세계에 머물러 있던 신을 현실 세계에서도 이해할 수 있는 존재로 생각했답니다. 신앙과 이성은 결코 대립하는 것이 아니라 서로 보완하는 것이고, 결국 현실 세계에도 개입하는 신의 존재를 인정해야 한다고 역설했지요. 그의 주장이 점차 기독교인들에게도 받아들여졌어요.

또한 아퀴나스는 정치관에 있어서도 아리스토텔레스에게서 큰 영향을 받았어요. 그리하여 특히 인간이 사회적 존재라는 점을 부각시켰으며, 개인과 국가의 연결 관계를 설명하고자 노력했답니다. 그는 정치의 기본과 목표가 바로 복지에 있음을 주장하면서 다음과 같이 말했어요.

"공공복지와 참된 관계를 맺지 못하면서 선한 인간이 되기는 불가능하다. 참된 덕이란 공공복지와 연관이 많을수록 더 높은 가치를 갖는다."

아퀴나스가 이성을 강조한 부분은 르네상스 시대로 이어져요. 이탈리아 르네상스 시대의 마키아벨리는 오늘날 근대 정치학의 뿌리가 될 만한 중요한 주장을 했던 인물이에요. 그는 국가 같은 정치 기구와 군주 같은 정치 행위자의 현실적인 경험들을 연구했어요. 그리고 그 결과로서 윤리와 정치는 구분되어야 한다고 주장했어요. 이전의 정치 사상가들과는 달리 마키아벨리는 정치의 목적을 국가, 도덕, 정의의 맥락에서 보지 않았고, 안전, 복지, 성공, 피해 같은 실제적인 것들을 중시했어요. 그는 군주의 권력 유지와 통치 기술을 주로 다루었는데, 필요하다면 심지어 윤리적으로 나쁜 악도 이용할 줄 알아야 한다고 했어요. 목적을 위해 수단이 정당화될 수 있다는 마키아벨리즘이 여기서 나왔어요. 그러나 부도덕한 수단들을 마구 사용하라고 주장한 것은 아니에요. 공공의 이익을 위해 꼭 필요한 경우에만 용납된다고 했답니다.

홉스,
로크,

루소의 사회 계약설

정치학의 역사에서 가장 큰 전환점은 19세기입니다. 정치란 마땅히 어떤 모습이어야 한다는 규범이나 이상적 사고를 벗어나, 보다 객관적인 정치와 실제로 일어나는 정치를 연구하게 된 것이에요. 정치에 대해서 보다 현실적인 눈을 가지게 된 변화였는데, 어떻게 보면 마키아벨리의 문제 제기를 본격적으로 받아들인 셈이지요.

16세기 초의 마키아벨리와 19세기 사이에 중요한 연결 고리가 있답니다. 바로 홉스, 로크, 루소 등 계몽주의자들이 주장한 사회 계약설이에요. 이 중에 가장 먼저 문제 제기를 한 사람은 홉스였어요. 홉스는 왕의 권력은 신이 내려 준 절대적인 것이라는 결론에는 동의했지만 이전과는 달리 국가가 '계약에 의한 시민의 선택'이라고 했어요. 이것은 당시로서는 매우 충격적인 주장이었답니다. 인간들은 이기심으로 인한 약육강식, 즉 '만인에 대한 만인의 투쟁' 상태의 가혹한 운명 때문에 자유보다 생존을 위한 절대 군주와 국가가 필요하다고 주장했거든요.

홉스는 '리바이어던'이라는 구약 성경 「욥기」에 나오는 괴물을 빌려 와 국가의 필요악적인 면을 설명했어요. 쉽게 말하자면 모든 사람을 두려워하는 것보다 한 사람을 두려워하는 것이 더 낫다는 뜻이에요. 그리고 그 한 사람은 계약을 준수할 것이라고 기대할 수 있는 사람이어야 한다고 주장했어요.

그런데 로크와 루소 등이 홉스의 주장을 반박했답니다. 홉스가 말한 통치자와 시민의 계약설은 동의하지만, 주권은 군주가 아니라 시민에게 있다고 주장했어요. 이는 곧 인민 주권 사상의 태동이에요. 왕의 권력은 국민과의 계약에 의해 생기므로 계약을 어기고 법을 침범하면 계약 위반으로 국민의 저항을 받고 쫓겨날 수 있다고 생각한 거예요. 이런 사회 계약설은 18세기 말 프랑스 혁명을 포함해 유럽 여러 나라의 민권 혁명에 거대한 영향을 끼쳤답니다.

앞에서 말한 것처럼 19세기에 이르자 철학이나 법학, 또는 역사학의 일부로 취급받던 정치학이 독립 영역을 개척했으며 과학적인 연구가 되기 위해 노력했어요.

20세기에 들어와서 과학적 연구를 본격적으로 주도한 것은 미국이었어요. 두 번의 세계 대전을 거치면서 미국이 패권 국가로 등장한 터라 정치학의 중심이 된 것은 당연하다고 할 수 있겠지요. 19세기 말부터 미국 대부분의 대학에서 정치학과를 만들었어요. 그리고 제2차 세계 대전이 지나면서 미국은 세계 여러 나라에서 인정하는 정치학의 본거지가 되었고, 오늘 이 시점까지 이어지고 있어요.

그러나 최근에 와서 다시 정치에 있어 윤리나 규범의 중요성을 제기하는 사람들이 있어요. 정치의 목적인 행복과 평화의 문제를 경험과 기능의 문제로만 다룰 수 없다는 주장이지요. 너무 과학적인 얘기만 하는 것도 잘못이라고 문제를 제기한 것이라고나 할까요. 20세기 영국의 정치 이론가 버나드 크릭이 말했듯이 정치는 곧 "공적 영역에서 이루어지는 도덕"이므로, 근본적으로 윤리나 가치의 차원을 벗어나서 존재할 수는 없습니다. 정부나 정치 지도자들이 권력을 가지는 것이 도덕적으로 정당한가? 끊임없이 질문할 수밖에 없지요.

외부에 휘둘린

한국의 정치학

　　우리나라의 정치와 정치학은 외부의 영향을 많이 받아 왔어요. 앞에서 소개했던 중국의 유학은 춘추 시대 공자가 체계화한 학문이고, 이를 종교화한 것이 유교이지요. 중국의 학문과 사상을 대표하는 유학이 우리 정치와 국민 생활에도 엄청난 영향을 미쳤어요. 이미 삼국 시대부터 군주의 덕목으로 자신을 다스리는 태도를 제시한 유학이 강조되었어요. 불교가 지배했던 고려에서도 정치 및 정치가에 대해서는 유학의 영향력이 여전했답니다. 그러다가 조선 시대에 와서는 정치뿐 아니라 일반 생활과 종교까지 지배하는 사상이 되었지요.

　유학에서는 학문적 수양을 통해서 자기의 마음과 행동을 다스리고, 예와 법도를 지키고, 효도와 선행을 반복함으로써 가정을 바로 세운 다음, 사회에 진출해서 나라와 세상을 다스리는 원리를 강조해요. '수신제가 치국평천하'라는 말로 요약되지요. 군주의 도덕성과 수양을 강조했지만 군주가 실제로 사는 삶과는 별개인 경우가 많았어요. 그래서 유학 사상은 실천보다 탁상공론이고, 명분만 강조한다는 비판을 많이 받았어요.

근대 한국의 정치학은 일본 제국주의의 압제에서 벗어나 해방을 이룬 후에 본격적으로 시작되었어요. 나라가 독립하고 주권을 가진다는 것은 이렇게 학문에도 엄청난 영향을 끼쳐요. 물론 구한말에도 소수의 학자들이 서양 철학을 도입하는 가운데 그 일부로서 정치학에 대한 연구도 했어요. 일본을 거쳐서 들어왔고, 정리하고 모방하는 수준이었지요. 초기 한국의 정치학은 이렇게 일본의 영향을 받아 '국가론'이 중심이 되었어요. 일본의 국가론이 독일의 국가론을 받아들인 것이라서 거슬러 올라가면 한국의 정치학은 독일 정치학의 영향을 받았다고 할 수 있어요.

해방 후 우리 정치학을 좌우한 것은 바로 미국이에요. 미국이 대한민국의 해방에 큰 공헌을 했고, 제2차 세계 대전 이후 세계 최강으로 부상했으며, 학문 분야에서도 지배적인 위치를 차지했다는 점에서 어쩌면 당연한 현상이라고 말할 수 있어요. 특히 해방 후 3년간 미국의 군정 체제하에서 한국의 대학들에 정치 외교

학과가 설립된 것도 큰 이유라고 할 수 있어요. 당시 미국에서는 독일과 일본에서 집중했던 국가 자체에 대한 연구보다 국가 간의 문제를 다루는 국제 정치학에 집중했답니다. 그래서 이를 받아들인 한국의 각 대학들이 정치학과보다는 정치 외교학과를 설치하게 된 것은 아닌지 추측해 볼 수 있어요.

한국 전쟁 이후의 정치학은 전쟁과 냉전의 영향으로 반공과 민주주의 연구에 집중하였으며, 정치학 방법론의 수준은 낮았어요. 앞에서 말했던 규범 정치학의 수준을 벗어나지 못했답니다. 그러다가 1960년대가 지나면서 정치학에서 박사 학위를 획득한 사람들이 많아지고, 또 일부는 미국 유학을 갔다 오면서 정치학은 획기적인 발전을 하게 되어요. 방법론도 미국의 영향을 받아 과학적 연구를 적극적으로 적용하기 시작했어요.

1970년대 이후 한국의 정치학은 새로운 시도를 해요. 무조건 미국의 정치학을 따라 하기보다 우리만의 고유한, 우리 실정에 맞는 정치학을 하자는 목소리가 커졌어요. 우리 문제를 서양의 학문으로 해결하는 것은 몸에 맞지 않는 옷을 억지로 입는 것과 같다는 반성에서 출발한 변화입니다. 이는 당시 우리 정치 현실과도 맞닿아 있어요.

우리 정치학계가 생산한 정치학이 이렇게 외부의 영향을 받다 보니 우리의 절실한 문제보다 다른 국가의 문제에 초점이 맞춰져 있을 때가 많은 것이 사실이에요. 물론 외국 정치학의 영향을 받는다는 것이 무조건 나쁜 것은 아니에요. 정치라는 현상과 이론은 결국 보편성을 갖기 때문에 제대로만 적용한다면 문제될 것이 없어요. 너무 기계적인 적용을 한다거나, 현실과 동떨어진 추상적인 이론에만 매달리지 않는다면 말이에요. 그럼에도 불구하고 한국 정치학은 한국 정치의 목적에 보다 집중해서 우리가 사는 사회의 문제점에 대한 올바른 진단과 해결을 위해 공헌할 수 있도록 발전해야 더 바람직하겠지요?

03

정치학은
무슨 일을
할까?

권력이 가린

진실을
밝힌다

『벌거벗은 임금님』을 알죠? 안데르센이 지은 단편 동화로 세계에 수십 개 언어로 번역된 아주 유명한 이야기이지요. 임금님이 옷을 입지 않았는데도 사람들이 진실을 말하지 못한 가장 큰 이유는 착한 사람에게만 보인다는 말 때문이었어요. 여기서 우리는 정치와 진실의 연결 고리를 발견할 수 있답니다. 정치에서 가장 중요한 것은 진실이지만, 실제 정치에서 진실은 권력에 의해 가려지는 경우가 너무도 많아요. 이를 오래전에 이미 간파한 플라톤은 '동굴의 비유'를 통해 현실의 모든 일은 진실이라는 빛에 따라 비치는 그림자에 불과하다고 말했어요.

사람들은 정치에 대한 지식이나 생각을 어떻게 얻을까요? 가정에서 부모에게 배우거나 학교에서 사회 과목을 통해 공부하거나 독서를 통해 얻어요. 그런데 요즘 와서 사람들의 정치 지식에 가장 큰 영향을 끼치는 것은 아무래도 텔레비전이나 신문, 인터넷 같은 언론 매체들이지요. 인간은 모든 것을 다 직접 경험할 수는 없어요. 다른 사람들에게 듣거나 읽고 아는 간접 경험을 더 많이 하지요. 생각해 보세요! 대통령이나 국회 의원들을 직접 만나 보고 판단할 수 있는 기회는 드물어요. 대부분 신문이나 텔레비전을 통해서 그들이 잘하는 일과 못하는 일을 알게 되지요. 즉 언론이 국민들에게 알려 주는 거예요.

그런데 언론 매체들이 진실만을 말하지 않는 경우가 있다는 것이 문제예요. 게다가 언론이 특별한 목적을 가지고 사람들의 생각을 바꾸려고 하는 경우도 있기 때문에 조심해야 해요. 정치인들도 이런 언론의 강력한 영향력을 이용해서 국민의 생각을 자기에게 유리한 대로 바꾸려고 하는데, 이것을 '여론 조작'이라고 해요.

과거 히틀러는 국민의 여론을 정치 지배자가 마음대로 만들 수 있고 속일 수도 있다고 생각했어요. 그래서 괴벨스라는 자신의 심복을 통해서 라디오를 비롯한 미디어를 조종했어요. 괴벨스는 "사람들은 거짓말을 들으면 처음에는 믿지 않는다. 그래도 거듭되면 진짜일까라는 생각을 하다가, 거짓말을 계속 들으면 진짜로 믿게 된다."라고 자신만만하게 이야기했답니다. 무서운 말이지요.

언론은 '제4부'라는 별명을 갖고 있어요. 정부는 입법부, 사법부, 행정부의 3부로 나누어져 있는데 언론을 제4부라고 부르는 것이지요. 이는 언론이 또 다른 권력이라는 뜻이고, 3부가 서로 견제하듯이 언론도 정부 전체를 상대로 견제할 수 있다는 뜻이랍니다. 언론은 이렇게 두 개의 다른 얼굴을 갖고 있어요. 권력을 감시하는 역할을 할 수도 있고 권력의 시녀 같은 역할을 할 수도 있지요. 당연히 권력을 감시하는 역할을 하는 것이 옳은 일이에요.

우리 정치 역사를 보면 언론이 정보를 제대로 알려 주지 않거나, 잘못된 정보를 주어 국민들의 판단을 흐리게 만들었던 경우가 많았답니다. 보통 독재자들은 언론을 자기 마음대로 주무르려고 하지요. 나쁜 정치를 국민들에게 알리지 못하게 하고, 알리고 싶은 것만 알리기 위해서예요. 과거보다는 훨씬 나아졌지만, 언론이 권력자나 소수 특권층의 입장만 대변하거나, 사실을 왜곡할 때가 아직도 많답니다.

그래서 정치학의 역할은 더 중요해져요. 진실을 밝혀내고 잘못된 일을 바로잡는 역할을 해야 해요. 정치학을 연구하는 전문가들이 과학적 방법을 통해 정확하게 알려 줘야 하는 거예요. 임금님은 벌거숭이라고 용감하게 소리친 아이처럼 시민도 진실을 말해야 하지만, 전문가들은 사람들이 속아 넘어갈 수도 있는 가짜 사실들을 배운 지식을 활용해 바로잡아 주는 사회의 등불 역할을 해야 해요.

17세기 철학자 프랜시스 베이컨이 남긴 "아는 것이 힘이다."라는 유명한 말은 정치학의 역할을 말해 줘요. 천문학자 갈릴레이가 지구는 돈다는 것을 증명했으며, 뉴턴이 만유인력을 발견함으로써 과학 혁명을 불러온 것처럼, 그리고 베이컨이 경험주의 철학의 새로운 방법을 통해 세상을 변화시켰듯이, 정치학도 마찬가지로 인류에 기여할 수 있어요. 정치학 역시 진실을 발견하고 알리는 일에 힘써 올바른 정치로 인간의 행복을 앞당기는 데 큰 역할을 할 수 있겠지요?

정치학은

과학이다

정치학이 가장 발달한 미국에서는 정치학을 폴리티컬 사이언스(political science), 즉 정치 과학이라고 불러요. 아니 이게 무슨 말일까요? 정치가 과학이라니요? 보통 과학이라고 하면 화학, 물리학, 천문학 같은 것들인데, 정치학을 과학이라고 하는 것은 무슨 뜻일까요? 여기에는 중요한 이유가 숨겨져 있어요. 그리고 그 이유를 알아보는 일은 정치학을 공부하는 데 있어 매우 중요해요. 우선 과학이라고 하는 말의 뜻을 살펴볼 필요가 있어요. 과학적이라는 말이 무엇일까요? 여러 가지로 설명할 수 있겠지만, 그것은 사실을 제대로 설명하는 거예요.

물은 몇 도에 끓고, 몇 도에 얼음으로 바뀌나요? 너무 쉬운 문제인가요? 네, 물은 100도에 끓고 0도 밑에서는 얼게 되지요. 이것을 우리는 과학적 사실이라고 해요. 누구든지 객관적으로 받아들일 수 있는 사실이에요. 그리고 누가 물을 끓이거나 얼려도 똑같이 일어나는 현상이지요. 예측도 가능해요. 물을 끓여 온도가 100도에 이르면 증기가 되고, 물을 냉동고에 넣으면 얼음이 만들어지는 것을 예측할 수 있어요.

자연 현상은 이러한데 사회 현상은 예측하기가 어려워요. 왜 전쟁이 일어나는지, 왜 혁명이 일어나는지, 그리고 사람들이 언제 협력하고 언제 싸우는지 등의 일은 물이 끓는 것보다 설명하거나 예측하기 어려워요. 예컨대 한국 전쟁의 원인을 놓고도 여러 가지 설명이 가능하지요. 어떤 이들은 미국과 소련의 냉전 대결 때문이라고 하고, 또 다른 이들은 우리 내부의 문제 때문이라고 해요. 그 외에 다른 설명도 얼마든지 많아요. 이렇다 보니 자연 과학처럼 누구든지 받아들일 수 있는 한 가지 설명을 할 수 없게 되고, 당연히 예측도 쉽지 않아요.

그래서 옛날에는 사회 현상을 공부하는 것을 과학이라고 부르지 않았답니다. 앞에서 소개했던 것처럼 20세기 중반이 되면서 이 생각이 변하기 시작했지요. 물론 자연 현상이 훨씬 더 확실하고 과학적인 설명이 가능하다는 사실은 예나 지금이나 변함없어요. 하지만 사회 현상도 어렵지만 과학적으로 밝혀낼 수 있다고 생각하기 시작한 거예요. 사회 현상들이 비록 원인을 쉽게 알기 힘들고, 그래서 예측도 어렵지만 열심히 노력하면 불가능하지는 않다는 것이지요. 그동안 역사 속에서 일어났던 많은 사회 현상들을 잘 연구하고 정리해 보면 공통된 조건이나 원인들을 찾아낼 수 있다고 믿었어요. 예를 들면 그동안 일어난 많은 전쟁의 원인은 서로 다르겠지만 그래도 비교해 보면 공통되는 이유들이 나올 거예요. 그런 이유들이 일어나지 않게 노력하면 미래의 전쟁을 어느 정도 막을 수 있을 것이고요.

원인이 다를 수도 있기 때문에 100퍼센트 예측하거나 막기는 힘들겠지만 그래도 큰 도움이 될 만한 연구는 할 수 있어요. 만약에 예측이 아예 불가능하다면 학문을 하는 이유가 없는 것인지도 몰라요. 왜냐하면 사회 현상을 공부하는 목적은 그것을 연구해서 우리가 사는 사회를 좀 더 나은 사회로 만드는 데 기여하는 것에 있거든요. 그러려면 사회 현상을 보다 정확하게 설명할 수 있어야 하고, 그 지식을 이용할 수 있어야 할 거예요. 이런 생각을 가진 사람들이 사회 현상도 과학적으로 접근할 수 있다고 믿었으며, 이를 사회 과학이라고 불렀어요. 또 정치도 사회 현상이고, 그래서 정치를 공부하는 것을 과학이라고 부르기 시작했던 것이지요.

정치학이 과학이라고 해도 다음 대통령 선거에서 누가 대통령이 되는지를 정확하게 맞추기는 어려워요. 그런데 정치학은 지금

우리나라에 꼭 필요한 지도자가 어떤 사람인지 알려 줌으로써 국민들이 보다 나은 판단을 할 수 있게 만들어 줘요. 대통령 선거에 나가는 사람들도 자기가 어떤 대통령이 되어 어떤 일을 하겠다고 공약을 내걸어야 국민들이 뽑아 줄지를 알 수 있어요. 정치학이 과학이라고 이야기하는 뜻이 바로 이것이랍니다.

좋은 정치를 해야 한다는 말 대신 좋은 정치를 위해서 갖추어야 하는 구체적인 사실들을 말하는 것이 바로 과학으로서의 정치학이에요. 물론 정치학자가 예언자나 점쟁이라는 말은 아닙니다.(사실 예언자나 점쟁이도 미래를 정확하게 맞히지는 못해요.) 과거 플라톤이나 아리스토텔레스 같은 천재들에 의해 이어져 오던 정치학이 이제 과학이 되면서 우리 같은 일반 사람들도 필요한 지식을 얻을 수 있게 된 거예요.

주니어 대학

독재는

정치가 아니다

'민주주의의 탄생은 정치의 탄생이자 곧 정치학의 탄생'이라는 말이 있어요. 무슨 뜻인지 파악하기가 조금 힘든가요? 인류에게 정치가 필요하게 된 것은 함께 모여 살고부터의 일이에요. 혼자 산다면 자기 마음대로 해도 되고, 그러면 규칙이 필요 없겠지요. 집에 혼자 있을 때는 옷을 벗고 있어도 되지만, 다른 사람이 있는 곳에서는 그럴 수가 없는 것처럼 말이에요. 사람들이 공동체를 이루면서 공적 영역이 생긴 것이지요. 공적 영역은 사람들이 마음 내키는 대로 행동할 수 없고 규칙, 즉 법이 필요해요. 정치가 제대로 돌아가기 위해 법이 필요하게 된 거예요.

정치라는 말은 영어로 폴리틱스(politics)라고 해요. 이 말은 고

대 그리스의 도시 국가를 뜻하는 단어인 폴리스(polis)에서 나왔어요. 오래전부터 공동체를 이루고 산 고대 그리스의 도시 국가에서 정치가 탄생한 것이지요. 그리스 인의 민주주의는 물론 완벽하지 않았지만 법치, 즉 법에 의한 정치를 했다는 데서 획기적이었어요. 사람들은 각기 재물, 용모, 지적인 능력에 차이가 있었지만 법 앞에서 평등했고, 법을 지키는 것을 자랑스럽게 생각했어요.

법의 가장 중요한 역할 중의 하나가 아무리 권력자라도 자기 마음대로 하지 못하게 만드는 것이지요. 절대 권력을 휘두르는 왕이나 독재자들은 모든 것이 자기 마음대로예요. 국민들을 노예로 생각하고, 개인 소유물처럼 대하지요. 법이 있다는 것은 통치자 마음대로 못하게 한다는 뜻이거든요. 법이 통치자가 할 수 있는 일과 할 수 없는 일을 구분해 주니까 폭정을 못하게 되지요.

이제 왜 독재는 정치가 될 수 없고, 민주주의가 곧 정치의 탄생이라고 할 수 있는지 이해가 가나요? 민주주의는 정치학에도 필수적이에요. 왜냐하면 독재자나 왕이 자기 기분대로 통치하는 것은 과학으로 연구하기가 불가능하지만, 법이 있어서 법에 따라 이루어지는 통치는 과학적인 연구가 가능하기 때문이에요. 그래서 정치학은 민주주의와 함께 간다고 말할 수 있어요. 정치의 목적이 사람들에게 행복을 주는 것이고, 약자를 배려하는 공평과 정의에 있다면 독재는 이미 정치가 아니에요.

04

정치학의

목표는

무엇일까?

정의로운
국가 권력이

필요해!

정치학을 일컬어 권력의 학문, 또는 권력을 연구하는 학문이라고 부를 만큼 권력은 정치학의 핵심 키워드예요. 앞에서 19세기까지 정치학은 도덕과 윤리학의 성격을 띠었으며, 이러한 성격을 벗어나면서부터 과학적 의미의 정치학이 가능했다고 했어요. 또한 정치학이 역사학이나 법학과 구별되면서 과연 정치학은 무엇을 연구 대상으로 하느냐가 중요한 질문이 되었고, 그 답은 바로 권력이에요.

권력이 정치학의 중심 연구 대상이라는 데 동의해도 그 범위에 의해서 두 갈래 길로 나뉘어요. 하나는 권력 행사의 가장 대표적인 행위자라고 할 수 있는 국가 권력을 집중적으로 연구하는 좁은 범위의 학문이고 다른 하나는 국가를 포함해서 권력과 관련된 모든 것을 연구하는 넓은 범위의 학문이지요. 전자는 국가론으로 불리며 독일에서 가장 많이 연구했어요. 후자는 미국에서 가장 많이 연구했는데, 정치의 본질로서 지배자와 피지배자의 권력 현상을 파헤치는 연구에 집중했어요. 가정에서 가장의 힘도 권력의 일종이고, 직장에서 상사의 힘도 권력이라고 보는 시각이에요. 즉 정치학의 대상을 국가로 한정하지 않고 사회 집단과 국가, 국가와 국가 간의 권력 관계로 확대시킨 거예요.

인간은 이기적인 존재라서 서로 많이 가지려고 해요. 자원이 무한하지 않고 제한되어 있기 때문에 권력을 가지느냐 못 가지느냐가 정말 중요해지는 거지요. 인간은 본능 그대로 자연스럽게 권력을 추구하게 돼요. 여기서 권력은 남에게 자신이 원하는 일을 하도록 강제하는 힘을 뜻해요. 직접적인 폭력도 권력의 한 모습이지만, 누군가를 때리거나 협박하지 않더라도 억지로 자신의 말을 따르게 하거나 일을 하게 만드는 것은 권력이에요. 오히려 이런 권력이 더 효과적이고 또 오래 유지되는 권력이라고 해요. 한나 아렌트는 권력은 총구에서 나오지 않는 것이며, 폭력화하면 이미 그것은 마지막 권력이라고 말했어요.

엘리아스 카네티라는 소설가는 『군중과 권력』이라는 책을 써서 노벨 문학상까지 받았는데, 권력의 악마적 속성을 자신의 경험과 엮어 놀랄 만큼 예리하게 그렸어요. 그는 스페인계 유대 인으로서 히틀러의 공포스러운 권력을 피해 영국으로 망명했고, 평생 권력의 문제를 가지고 씨름했어요. 그는 우리 인간들의 죽음에 대한 공포와 그것을 피하려는 노력의 결과로 권력이라고 부르는 어마어마한 괴물 구조가 생겨났다고 말했어요. 그리고 여러 명이 모이면 강하고 또 옳다는 느낌을 가지게 되는 '군중 심리'를 히틀러가 이용해 나치스라는 위험한 권력 집단을 만들어 냈다고 주장했어요.

그런데 권력의 악마적 속성에도 불구하고 사회를 구성하고, 갈등을 해결하는 좋은 정치를 위해서 권력은 반드시 필요해요. 행복한 사회를 만들어야 하는 역할을 정치가 맡았다면 권력은 선하고 정의롭게 그리고 공평하게 관리해야 하는 것이지요. 그래서 대부분의 나라에서 민주적인 선거를 통해 사람들의 동의를 받아 계약(법)을 맺고, 국가를 만들어 공적인 권력을 맡기는 것이랍니다. 그러나 히틀러도 선거를 통해 권력을 잡았지만, 이후에 괴물로 변했던 것처럼 권력은 한 번만 관리해서는 안 되고 지속적으로 감시해야 해요. 국가는 '명령 전문'으로, 나머지 국민들은 '복종 전문'으로 전락시켜서는 안 됩니다.

국가는 권력과 깊은 관련이 있어요. 자원이 제한된 세상에서 이기적인 사람들이 권력을 추구하는 상태를 내버려 두면 약육강식의 정글처럼 되겠지요? 그래서 공적인 국가에 권력을 주어 사적 권력의 위협으로부터 인간 사회를 지키고자 했던 거예요. 인간이 공동체를 만들고 가능한 한 크게 키워 온 가장 큰 이유는 죽음의 공포를 벗어나 안전한 삶을 살고 싶어 하는 욕구가 있었기 때문이에요. 국가 권력은 갈등을 조정하고, 법을 잘 지키는지 감시하는 역할을 해요. 또한 다른 나라들의 침략 위협으로부터 국민들을 지켜 주는 역할을 해요. 공동체 전체의 이익을 보호하기 위해서 국가에는 힘, 즉 권력이 부여되는 것이랍니다.

국가가 무엇인가에 대해서는 오랫동안 수많은 학자들이 정의를 내렸어요. 그런데 근대 국가의 정의는 막스 베버라는 사람이 내린 정의를 최고로 칩니다. 베버는 국가의 3가지 필수 구성 요소로 국민, 영토, 주권을 들어요. 이를 풀어서 말하자면 국가란 경계선(국경선)을 가지고 있고, 그 경계선 안에 있는 영토와 국민들로 이루어진 집단이며, 독립 주권을 가지고 있다는 것이지요. 여기서 주권이라는 말은 곧 권력이라는 말과 다르지 않아요.

정치라는 말이 고대 그리스에서 온 것처럼 국가도 고대 그리스어인 폴리테이아(politeia)에서 비롯되었어요. 그런데 이 단어는 당시 도시 국가가 통치되는 방법을 의미했고, 그 도시 국가는 바로 폴리스(polis)였어요. 따라서 정치학은 국가 또는 정부와 직접적으로 관계가 있어요.

누가 국가의 주인이며, 주권이 누구에게 있는 것이냐 하는 문제는 국가가 탄생한 이후 오래도록 논쟁거리였어요. 옛날에는 왕이나 귀족들이 나라의 주인이었다가 지금은 국민 모두를 주인으로 삼는 민주 국가에서 살고 있어요. 국가의 주인은 국민이고, 국가와 국가를 경영하는 사람들에게 국민이 권력을 부여해서 전체를 섬기는 제도가 민주주의인 것은 다 아시지요? 대한민국 헌법 제1장 제1조도 이 사실을 분명하게 밝히고 있어요. "대한민국은 민주 공화국이다. 대한민국의 주권은 국민에게 있고, 모든 권력은 국민으로부터 나온다." 국민이 빠진 국가는 군림하는 괴물일 뿐이에요.

더욱 발전하는

민주주의

민주주의를 뜻하는 영어 단어는 '데모크라시 (democracy)'예요. 이 말 역시 민주주의의 뿌리인 고대 그리스 어 에서 나왔는데요, '데모스(demos)'란 단어와 '크라티아(kratia)'라는 단어가 합쳐진 거예요. 데모스는 '국민' 또는 '시민'을 뜻하는 말 이고, 크라티아는 '정치'라는 뜻이에요. 즉 '국민에 의한 정치'랍니 다. 민주주의는 왕이나 몇몇 사람들이 권력을 독차지해서 사람들 을 지배하는 것이 아니라 모든 국민이 권력의 주인이 되는 제도를 말해요. 개인과 사회의 행복을 더 이상 절대적인 권위를 지닌 신 이나 왕의 은혜에 내맡기는 것이 아니라 모든 시민이 인간의 보편 적인 이성에 바탕을 둔 자유와 책임에 의해 자신과 사회의 운명의 주인이 되는 정치 제도이지요.

정치학의 역사에서 살펴봤던 것처럼 민주주의의 뿌리는 고대 그리스에서 시작되었어요. 고대 그리스 민주주의는 나름 훌륭한 점이 많았으나 근본적인 한계점들도 동시에 있었어요. 정치에 참여할 수 있는 시민의 자격에 여자나 노예들은 배제되었거든요. 당시 인구의 절반이 노예였고, 여성들의 숫자까지 생각하면 시민의 자격을 가진 사람들은 소수에 불과했어요. 역사가들에 의하면 아테네 인구 30만 명 중에 10퍼센트에 해당하는 3만 명 정도가 시민이었대요.

민주주의의 씨앗은 고대 그리스에서 싹을 틔웠지만 민주주의가 본격적으로 인정받고 널리 확대되기 시작한 것은 근대 시민 혁명 덕분이에요. 이 과정에서 계몽주의 사상가들의 사회 계약설이 큰 역할을 했다고 앞에서 설명했지요? 왕과 귀족이 모든 특권을 독차지하던 시대는 시민 혁명에 의해 무너지고, 평등에 기초한 민주주의가 유럽 이곳저곳에 등장한 거예요.

하지만 시민 혁명에 의해 탄생한 근대 민주주의 역시 뿌리를 내리는 데는 오랜 시간과 더 많은 희생이 필요했어요. 프랑스에서도 대혁명 이후 두 번의 혁명이 더 일어났지요. 근대 민주주의는 초기에는 왕과 귀족이라는 소수의 특권층으로부터, 나중에는 정부의 권력으로부터 시민 개개인의 자유를 어떻게 보장할 것인가 하

는 과제에 몰두했어요. 정부의 권력을 최소화시켜 개인의 자유와
사유 재산, 또 생명과 안전을 보장하려는 정치 체제를 수립하고자
했던 것이지요.

20세기 들어 자본주의가 폭발적으로 발전하면서 사회의 규모
가 점점 커지고 복잡해졌어요. 이때부터 본격적인 대중 민주주의
로 변화하기 시작했어요. 대중의 자격은 일정한 재산과 교양을 가
진 부르주아에만 주어졌던 시민의 자격에 비해 훨씬 더 넓어졌지
요. 여자건 남자건 어떤 직업을 가졌건 어떤 종교를 가졌건 피부
색이 어떠하든 재산이 얼마나 많든 상관없이 성인이라면 누구나
선거권을 가질 수 있는 보통 선거 제도를 확보하는 것이 핵심 과
제로 떠올랐어요. 1945년 제2차 세계 대전이 끝난 이후에야 비로
소 세계 대부분의 나라에서 보통 선거를 실시했답니다.

민주주의가 확대되었고 민주주의를 시행하는 국가가 복잡해지
면서 규칙이나 제도 역시 많아졌어요. 그에 따라 정치학에 대한
필요도 커졌어요. 정치학은 계속 발전해서 민주주의 체제가 후퇴
하지 않고 더욱 발전할 수 있도록 돕는 역할을 해 왔답니다.

외교가

전쟁을 막는다

권력과 국가, 그리고 권력을 국가 운영에 가장 바람직하게 반영했다고 할 수 있는 민주주의도 그렇지만, 전쟁과 외교 역시 정치학의 영원한 숙제 중 하나예요. 인류의 역사는 곧 전쟁의 역사라고 말할 정도로 전쟁은 지금 이 순간에도 계속 일어나고 있어요. 한 조사에 의하면 인류 역사를 5,000년만 돌아봐도 약 1만 4,500번의 전쟁이 일어났다고 해요. 전쟁 없이 지낸 기간은 합쳐 봐야 약 400년에 불과하다고 합니다. 이쯤 되면 전쟁은 인류의 숙명이라고 볼 수 있고, 인류가 사라지기 전에는 전쟁이 절대로 멈추지 않을 것 같다는 생각이 들지 않나요?

외교가 전쟁을 막는 수단이라고 하는데, 이런 통계를 보면 외교의 능력에 대해 의문이 생기기도 해요. 세계 역사뿐 아니라 한국 역사를 봐도 외교보다 전쟁 이야기가 훨씬 더 많이 나오지 않나요? 전쟁이 더 눈에 띄는 이유는 그것이 비극적이어서 인류의 삶에 더 많은 상처를 남겼기 때문이에요. 외교를 통해 전쟁을 막는다 해도 크게 주목받거나 기억되지는 않아요. 그럼에도 우리는 전쟁보다는 외교, 전쟁보다는 평화를 위해 살아가야 해요.

중국의 유명한 군사 전략서 중 하나인 『사마법』은 "나라가 강하다고 해도 전쟁을 좋아하면 반드시 망하며, 나라가 평안하다고 해도 전쟁을 잊으면 반드시 위험에 처한다."라고 적고 있어요. 아무리 강한 국가라고 하더라도 전쟁을 일삼으면 망하는 예가 역사 속에 무수하게 있어요. 가장 확실한 예로서 일본을 들 수가 있겠지요. 청일 전쟁과 러일 전쟁에 자신감을 얻은 일본이 계속 전쟁을 일으키다 결국 미국을 비롯한 세계 연합군에게 패배했지요. 과거 몽골의 칭기즈 칸이나 프랑스의 나폴레옹도 그랬고, 독일의 히틀러도 마찬가지였어요. 독일은 제1차 세계 대전의 교훈을 단 20년 만에 잊어버리고 제2차 세계 대전을 일으켰지만 또 패했어요.

제2차 세계 대전 이전까지만 해도 전쟁이 나라와 나라 사이의 문제를 해결하는

제1차 세계 대전은 독일·오스트리아·이탈리아의 삼국 동맹과 영국·프랑스·제정 러시아의 삼국 협상이 대립하여 일어난 세계적 규모의 전쟁이다. 1914년에 시작되어, 1918년에 독일이 항복하고 이듬해 베르사유 조약이 체결됨으로써 끝났다.

주니어 대학

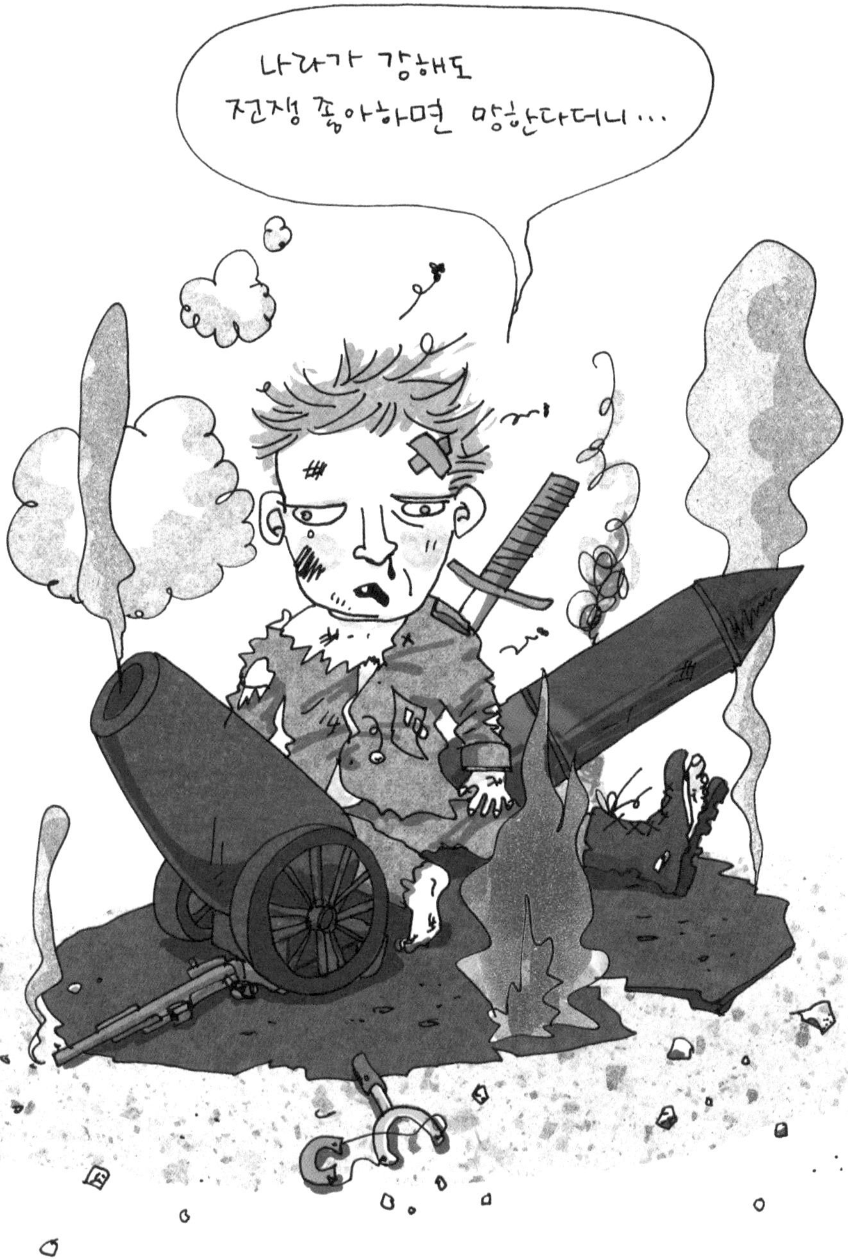
나라가 강해도
전쟁 좋아하면 망한다더니…

수단으로 어느 정도 인식되었던 것은 사실이에요. 그러나 제2차 세계 대전이 끝난 후에는 전쟁에 의한 해결이 비극적이고 어리석은 일이라는 생각이 널리 퍼져 갔어요. 따라서 전쟁보다 외교를 통해 문제를 평화적으로 해결하자는 주장이 점점 힘을 얻었답니다.

전쟁이라는 수단을 통해 국가의 목적을 이루려는 것은 그만큼 외교를 제대로 못한다는 뜻이기도 해요. 다시 강조하지만 외교는 싸우지 않고 승리하는 최고의 길이에요. 제1차 세계 대전 당시 수상으로서 프랑스를 이끌었던 정치가 조르주 클레망소는 정치나 외교에 대해 많은 명언들을 남긴 것으로도 유명해요. 가장 유명한 것은 "전쟁은 군인들에게 맡겨 놓기엔 너무나도 심각한 문제이다. 전투는 군인이 하는 것이지만, 전쟁은 정치인(외교관)이 하는 것이다."였어요.

외교는 전쟁을 피하는 최선의 방법이라고 하지만 그 외교가 충분하지 못할 때는 전쟁으로 갈 수밖에 없는 경우도 있어요. 프로이센 출신의 천재적인 군인이자 전쟁론의 대가인 클라우제비츠가 쓴 『전쟁론』은 지금까지도 전쟁에 대한 최고의 고전으로 손꼽혀요. 이 책에 나오는 수많은 명언들 중에서 가장 많이 알려진 것은 "전쟁은 곧 다른 수단에 의한 정치의 연속이다." 또는 "전쟁은 외교의 연장이다."라고 한 부분이에요. 그는 또 "외교는 말로 하는 전쟁이고 전쟁은 총으로 하는 외교다."라고도 말했어요.

클라우제비츠의 『전쟁론』은 독일이 세계 대전을 일으키는 데 매우 큰 영향을 끼쳤다고 비판받기도 해요. 물론 『전쟁론』이 전쟁하는 방법에 관한 책이며, 전쟁에서의 공격과 방어에 관해 상세하게 다룬 것도 사실이에요. 그러나 그가 이 책을 쓴 원래 의도와는 달리 상당히 오해를 받고 있어요. 전쟁도 외교의 일부라는 말은 전쟁이 가지는 여러 가지 특징 중의 하나라는 뜻이었을 뿐이에요. 책의 다른 곳에는 전쟁이 가지는 폭력적인 면에 대한 경고도 잊지 않고 담겨 있어요.

05

우리의
미래는
행복할까?

갈등이 없다면

행복할까?

인간들은 행복해! 그들은 원하는 것을 얻고 있단 말일세. 얻을 수 없는 것은 원하지도 않아. 그들은 잘 살고 있어! 생활이 안정되고 질병도 없어. 죽음을 두려워하지 않고 행복하게도 걱정이나 늙는 것도 모르고 살아가지…… 그들은 조건 반사 교육을 받아서 사실상 당연히 행동해야만 하는 것을 하지 않을 수 없어. 뭔가가 잘못되면 소마가 있지.

위의 글은 영국의 소설가 올더스 헉슬리의 작품 『멋진 신세계』에 나오는 내용이에요. 헉슬리는 이 책에서 과학 기술이 발전한 고도의 문명사회에서 인간성은 오히려 파괴되는 어두운 미래 세

계를 그렸어요. 2540년은 모든 질병도 극복되고, 가족을 부양할 의무도 없으며, 늙지도 않는 사회예요. 미래 세계에서 인간은 부모도 필요 없이 인공 수정을 통해 유리병에서 태어나고, 알파, 베타, 감마, 델타, 엡실론의 다섯 계급으로 나뉩니다. 하층 계급은 거의 자유 의지가 없이 주어진 하찮은 일을 하고, 상층 계급은 약간의 자유 의지를 가지고 두뇌가 필요한 고급 직책을 담당해요. 이렇게 불평등한 사회이지만 아무도 불만을 표하지 않고 만족하며 살아가는 듯한데, 거기에는 비밀이 있어요. 최면을 통해 사람들의 머릿속에 순종적인 생각만 주입하고, 불만스러운 기억들은 삭제해 버리기 때문이에요. 그리고 자기가 맡은 일에 대해서는 어떤 생각도 하지 않고 자동적인 조건 반사로 수행하게 만들어요. 게다가 기분이 좋지 않을 때는 '소마'라는 일종의 마약을 먹으면 행복감을 느낄 수 있어요.

이런 세상이 멋진 미래라고 생각하나요? 불만을 느끼지 않으니까, 서로 싸우지 않고 평화로운 세상이니까 행복한 사회라고 여길까요? 사실 요즘 기계 문명이 엄청난 속도로 발전하고, 유전 공학이 발전하고 있으니 언젠가는 헉슬리가 그렸던 세계가 현실로 가능할지도 모르겠어요. 그러나 이런 세상을 두고 결코 행복하다고 말할 수는 없을 것 같아요. 인간이 주인이 아니라 거대한 사회의 부속품처럼 되어 버린 세계는 갈등이 없다고 해도 행복하지는 않을 것 같아요. '멋진 신세계'의 목적은 안정을 위한 안정일 뿐 인간을 위한 행복한 안정이 아니랍니다. 헉슬리 역시 이런 세계를 행복으로 여기지는 않았어요. 오히려 기계 문명의 노예가 되어 생각하기를 멈춘 인간을 냉소적으로 비웃으며 쓴 것이지요.

헉슬리가 그런 갈등 없는 신세계에서는 정치가 살아남을 수 없을 것이고, 정치학도 물론 필요하지 않을 것입니다. 왜냐하면 지금까지 살펴본 것처럼 정치는 사회의 갈등을 해결하기 위해 필요한 것이니까요. 인간은 욕망의 존재이자, 동시에 모두가 다른 다양성을 지니고 있기 때문에 갈등의 원인을 강제로 없앤다면 인간성 자체를 없애는 일과 같아요. 갈등이 없는 사회가 행복한 것이 아니라 갈등을 합리적이고 공평하게 해결하면서 더불어 살아가는 것이 진정 행복한 사회가 아니겠어요? 존 스튜어트 밀은 "배부른 돼지보다 차라리 배고픈 인간이 되는 것이 낫고, 만족한 바보가 되기보다는 차라리 불만족한 소크라테스가 되는 것이 낫다."라는 유명한 말을 남겼어요. 여러분은 어떻게 생각하세요?

생활 정치가

필요해!

우리가 주위에서 흔히 듣는 말 중에 "다 먹고살자고 하는 일인데……"가 있어요. 세상 일 대부분이 우리가 먹고 사는 일과 관련되어 있고, 그것이 해결되는 것이 행복해지는 길이라는 의미이지요. 정치의 목적이 행복이라면 결국 정치는 이런 먹고사는 문제, 곧 삶과 직접 닿아 있는 정치가 되어야 할 거예요. 그래서 최근 정치학자들은 현대의 정치를 '생활 정치'라고 정의한답니다. 뉴스에서 정치인들이 벌이는 쓸데없는 정치 논쟁을 멈추고 '민생 정치'를 해야 한다거나 국회에서 '민생 법안'을 우선적으로 처리해야 한다며 목소리를 높이는 경우를 많이 볼 수 있는 것도 비슷한 현상이에요.

왜 생활 정치라는 말이 유행할까요? 그것은 역설적으로 지금까지의 정치가 내 생활과 동떨어진 채로 다른 정치 전문가들에 의해 이루어졌기 때문이에요. 이를 반성하고 바꿔야 한다는 생각을 하게 된 거죠. 민주주의의 뿌리였던 고대 그리스의 정치를 직접 민주주의라고 하는 것은 당시 그리스 시민들이 직접 '아고라(agora)'라고 불리는 광장에 모여 자기들의 삶과 관련된 일을 의논하고 결정했기 때문이에요. 그런데 사람들도 많아지고 사회가 복잡해지면서 대표자를 뽑아 나 대신 정치를 담당하게 하는 간접 민주주의, 즉 대의제 민주주의가 거의 모든 국가들에서 시행되고 있어요.

국가 규모가 엄청나게 크고 복잡해진 현대 사회에서 어쩔 수 없는 선택이지만, 부작용도 만만치 않아요. 무엇보다도 대의제에서는 국민이 주권을 행사하기가 쉽지 않다는 약점이 있지요. 가끔 있는 선거나 국민 투표에 투표하는 것 외에 국민의 의사를 표현할 방법이 많지 않아요. 게다가 사람들의 생활이 분주해지고, 정치에 대한 관심이 줄어들면서 투표율마저 떨어지고 있어요.

그런 반면에 국가의 힘은 점점 더 커지고, 정치는 전문 정치인들만 하는 것처럼 되어 버렸어요. 더욱이 정치가 벌어지는 공간이 우리의 생활 공간이 아니라 정부 청사나 국회 의사당으로만 제한되고 있어요. 이러한 현상은 국민에게 권력이 돌아간다는 민주주의의 가장 중요한 정신을 잃어버리는 일이에요.

그래서 요즘 많은 사람들이 국민의 참여를 확대할 방법을 찾아야 한다고 요구하고, 생활 정치의 중요성을 강조해요. 또 선진국에서는 이러한 생활 정치의 사례들이 늘어나고 있어요. 소비자 운동을 한다든지, 중앙 정치만 바라보지 않고 내가 사는 지역의 정치에도 관심을 기울인다든지, 시민 단체 활동이 많아지는 것도 그런 움직임의 일부라고 할 수 있지요. 반려동물이나 애완동물을 학대하는 사람들을 처벌하는 법을 세우기 위해 동물 보호 단체를 만들 수도 있어요. 공장에서 나오는 폐수가 환경을 오염시키는 것을 막기 위해 사람들을 조직해서 시위하는 활동도 마찬가지예요.

정치에 있어서 철학과 원칙은 여전히 중요해요. 민주주의, 정의, 공평, 평화 같은 가치들은 끝까지 지켜야 하겠지요. 그리고 우리 사회가 지향해야 할 가치와 목표에 대한 깊은 탐구와 논쟁은 꼭 필요한 일이랍니다. 그런데 이런 생각들을 우리들의 실제 삶과 연결하는 노력도 잊어서는 안 될 거예요. 하루 벌어 하루 먹고사는 영세한 상인들의 삶을 개선하는 법을 만들고, 아르바이트를 하는 수많은 사람들의 최저 임금을 적정 수준으로 올리는 일, 그리고

주니어 대학

건물주나 큰 프랜차이즈 기업의 소위 '갑질'로부터 임차 상인들의 생업을 지켜 주는 일들에도 적극적으로 나서야 해요.

노르웨이에서는 미래의 주인인 청소년들이 정치에 관심을 가지는 것이 너무도 당연하다고 생각해요. 그래서 정당들이 학생 지부를 만들고, 또 학교는 정당 인사들을 초청해서 정치적 입장을 들어 보는 자리를 마련하기도 해요. 노동당이나 공산당도 마찬가지로 참여할 수 있어요. 우리나라 같으면 학생들에게 빨갱이 물을 들인다고 야단이 나겠지요.

그런데 이 사회가 앞으로 청소년들이 살아가야 할 세상이고, 정치는 바로 그 세상의 행복과 불행을 결정할 핵심이잖아요. 사회의 가치와 목표를 추구하는 다양한 입장에 대해서 듣고 판단하지 않는 것이 도리어 옳지 못하다고 생각하지 않나요? 청소년 시기에 정치를 멀리해야 할 불량 식품처럼 취급하면, 그야말로 불량 식품이 되는 것이고, 건강식품처럼 가꾸면 미래의 우리 정치가 건강해지는 것 아닐까요?

미래에
외교는

어떻게 될까?

  어떤 국제 정치학자들은 미래에는 국가가 없어지고, 그래서 전쟁도 외교도 없어질 것이라고 주장해요. 국가가 없어지면 국가 사이의 업무인 외교도 없어지고, 특히 전쟁이 없어지면 전쟁을 막기 위한 수단인 외교도 필요 없다는 뜻에서 그렇게 말하는 것이겠지요.

  국제 정치라는 용어 자체가 주권 국가 사이의 정치라는 뜻이에요. 그런데 20세기 말이 되자 상황은 크게 바뀌게 되었어요. 소련을 비롯한 동구권 사회주의 국가들의 붕괴로 냉전은 끝나고, 탈냉전의 시대가 되면서 민족 국가가 힘을 잃기 시작했어요. 유럽에서는 유럽 연합(EU)이 탄생하고, 전 세계가 하나의 시장 경제를 이

루는 통합 현상이 일어났어요. 따라서 국가의 한계를 넘어서 세계 전체를 통째로 표현하고자 하는 용어들이 등장했어요. 예를 들면 '세계화'라든가 '지구촌'이라는 말들이 나왔지요.

민족 국가는 국제기구, 다국적 기업, 비정부 기구 등 다양한 채널 중의 하나로 약화되었다는 주장이 나오기 시작했어요. 국가 주권이 약해지는 현상의 대표적인 예로 FTA(자유 무역 협정)를 들 수 있어요. 국가 주권 중에 가장 중요한 것 중 하나가 세금을 부과할 수 있는 권력이에요. 수입품에 관세를 부과하는 것은 국가 권력을 행사한 결과이지요. 그런데 FTA를 체결하면 상대국의 물품이 수입되어도 다른 나라 물품으로 취급되지 않아 관세를 매기지 않아요. 즉 FTA로 인해 세금을 받는 국가의 주권이 행사되기 어려워지는 것을 의미하지요.

이렇게 되자 어떤 학자들은 국가의 종말이 도래했다는 주장까지 하고 있어요. 급속한 기술 발전으로 전통적인 국제 관계가 변화하여 주권의 절대성이 약화되고, 정보, 아이디어, 자금, 상품과 사람들이 국경을 넘어 접촉하고 교환되는 것을 국가가 더 이상 통제할 수 없게 되었기 때문이에요. 자유로운 인적 및 물적 이동 현상은 영토를 기준으로 국가의 안팎이 확실하게 구분되던 시대가 사라지고 있음을 의미한다고 해요. 민족 국가 체제를 근본적으로 흔드는 이 현상을 가리켜 '세계화'라고 불러요.

그런데 세계화가 국가를 사라지게 할 것인가에 대해서는 아직 논란이 많아요. 왜냐하면 국가 권력이 약해지는 현상도 많아졌지만, 동시에 국가의 힘이 커지고, 새로운 국가가 탄생하는 경우도 늘어났기 때문이에요. 소련이 무너지면서 열 개가 훨씬 넘는 국가들이 독립을 했으며, 그 외에도 캐나다의 퀘벡 주나 스페인의 카탈루냐, 인도의 카슈미르 주, 중국의 티베트 등의 지역은 주권을 가진 독립 국가가 되기 위해 온갖 방법과 노력을 동원하고 있어요. 또한 지구 곳곳에는 전쟁의 위협이 여전히 도사리고 있어요. 그래서 국가가 곧 사라지게 될 것이라고 결론 내는 것은 매우 성급해 보여요.

로마 신화에서 '미네르바의 부엉이'는 지혜의 상징이랍니다. 독일의 철학자 헤겔은 미네르바의 부엉이가 황혼 무렵에 날기 시작하는 것처럼 하루가 저문 뒤에야 그 하루를 온전히 알 수 있다고 했어요. 즉 과거에 대해서만 확실하게 이해할 수 있을 뿐 미래에 대해서는 알기 어렵다는 뜻이라고 해석했지요. 역사를 돌아보면 우리 인류가 민주주의, 인권, 복지 등 많은 것들을 이루어 낸 것은 분명해요. 그렇지만 곧바로 미래가 더 발전되고, 그래서 인류는 반드시 행복할 것이라고 전망하는 막연한 낙관주의는 위험할 수도 있어요. 더욱 조심하고 더욱 노력해야 우리가 행복해질 수 있어요.

2부

정치
외교학의
거장들

01

외교의 제왕,

헨리 키신저

외교의

최고 권위자

《포린 폴리시》는 정치 외교학을 공부하는 학생이나 학자라면 누구나 알 만큼 유명한 외교 전문지예요. 이 잡지가 2015년 초에 지난 50년간 미국 최고의 국무 장관(우리나라로 말하자면 외교부 장관)이 누구인지에 대해 대대적인 설문 조사를 벌였답니다. 설문 대상자는 일반인들이 아니었어요. 미국 1,375개 대학에서 국제 관계학을 전공하는 학자 1,615명이 설문에 참여한 것이지요. 이 조사에서 헨리 키신저가 최고의 국무 장관으로 뽑혔는데, 무려 응답자의 32퍼센트가 넘는 표를 받았답니다.

리처드 닉슨과 제럴드 포드 행정부에서 공직을 수행했던 키신저는 1971년에 소위 '핑퐁 외교'라 불리는 탁구 교류를 통해 미국과 중국의 외교 관계를 열었어요. 중국이 공산화된 이래로 꽉 막혀 있던 적대 관계를 극적으로 풀어낸 놀라운 성과였어요. 1973년에는 10년 이상 끌어오던 베트남 전쟁의 휴전 협정을 성공시켰고, 이 공로로 그해 노벨 평화상을 수상했지요.

키신저는 최고의 정치인이자 외교관이었을 뿐만 아니라, 17권의 책을 쓰고 수많은 논문과 칼럼으로 이름을 떨친 뛰어난 학자였어요. 당시 학교에서 친구들이나 선생님들 중에 엄청나게 똑똑한 사람에게 키신저 같다고 말하는 것이 유행일 정도였답니다.

키신저는 1923년 5월 독일의 바이에른 주 뉘른베르크 근처 퓌르트라는 곳에서 태어났어요. 유대 인이었던 그의 가족은 히틀러의 박해를 피해 1938년에 미국으로 망명을 갔어요. 그가 15세가 되던 해의 일이었지요.

학교에 다니며 또 아르바이트를 하는 전형적인 이민자의 삶을 살던 키신저는 제2차 세계 대전이 일어나자 입대해서 일등병으로 참전했어요. 적국인 독일에 대한 정보 분석을 위해 독일어에 능통한 병사가 필요했던 미군 첩보부에 발탁되었으며, 유럽으로 파견되어 일했지요. 1943년에 그는 바라던 미국 시민권을 얻게 되는데요, 당시 군대는 망명한 이민자에게 미국에 대한 충성심을 증명한 후 시민권을 받을 수 있는 가장 확실한 길이었다고 해요.

전쟁이 끝나고 제대한 키신저는 하버드 대학 정치학과에 입학

해요. 1950년에 수석 졸업을 하고, 계속 공부하여 석사, 박사 학위를 받았지요.

키신저는 1962년에 하버드 대학의 정치학 교수가 되어 국제 관계 과목들을 강의했어요. 그리고 아이젠하워, 케네디, 존슨 행정부를 거치면서 미국의 외교 전략 분야에서 최고의 전문가로 이름을 날렸어요.

그러다가 닉슨 행정부에서 마침내 대통령의 안보 보좌관으로 임명을 받았어요. 원래 키신저는 닉슨이 대통령 선거에서 맞붙었던 상대 후보 록펠러의 참모였지만, 닉슨은 당선되자마자 곧바로 키신저부터 스카우트했어요. 경쟁 상대의 참모였는데도 인재를 알아보고 스카우트한 닉슨의 안목도 훌륭했어요. 하지만 그만큼 키신저의 외교적 재능이 뛰어났다는 말도 되지요. 그후 키신저는 국무 장관 자리에 올라 닉슨 다음 대통령인 포드 행정부 때까지 미국 외교의 최고 책임자로서 직무를 수행했어요.

2015년 현재 키신저는 아흔 살을 넘긴 고령이에요. 1977년 포드 행정부의 국무 장관직을 끝으로 공직에서는 물러났지만, 이후 수십 년 동안 막후에서 여전히 외교의 최고 권위자로 왕성한 활동을 이어 왔어요. 역대 대통령은 물론이고 다음 대선에서 당선을 노리는 많은 대통령 후보들이 그를 만나지 못해 안달할 정도이지요. 그를 만난다는 사실 하나만 가지고도 곧 외교에 관심이 있고,

외교를 잘할 가능성이 있는 것처럼 선전할 수 있기 때문이에요. 키신저는 이렇게 외교에 관해서라면 어떤 유명 정치 인사라도 만나려 하는 '외교의 제왕'으로 불린답니다.

화해의 시대를

열다

키신저가 외교관으로서 이룬 가장 유명한 업적은 아무래도 미국과 중국의 드라마 같은 수교와 길고 길었던 베트남 전쟁을 끝낸 일일 거예요. 이 두 가지 업적을 살피기 전에 염두에 두어야 하는 것이 그가 바로 나폴레옹 전쟁 이후의 유럽 질서로부터 배운 교훈이에요. 키신저가 하버드 대학에서 쓴 박사 논문은 1815년 빈 체제에 관한 것이었어요. 빈 체제는 19세기 초 유럽 전체를 비극으로 몰고 간 나폴레옹 전쟁이 끝나고 난 후 세워진 체제를 말해요. 빈 체제가 세워진 후부터 1914년 제1차 세계 대전이 일어나기 직전까지 정확하게 100년간 유럽은 큰 전쟁 없이 안정을 유지할 수 있었어요.

주니어 대학

물론 이 시기가 완전한 평화는 아니었어요. 영국, 프랑스, 오스트리아, 프로이센, 러시아 등 5개 열강들이 서로 호시탐탐 세력 다툼을 벌였으며, 독일 통일 과정에서 전쟁도 몇 차례 치렀어요. 그러나 나폴레옹 시절과는 달리 어느 한 국가가 확실한 패권을 차지하지 못하고 서로 견제하면서 균형을 유지했고, 이 때문에 한 세기 동안 평화를 이룰 수 있었어요. 여기서 큰 통찰력을 얻었던 키신저는 빈 체제를 자신의 박사 학위 논문 주제로 삼아 연구했어요. 그리고 미국의 외교를 실제로 담당하게 되자 빈 체제를 적용시켰던 거예요. 미국, 소련, 중국, 일본 그리고 단일 국가는 아니지만 유럽을 하나의 세력으로 보고 모두 5개의 세력들이 서로 견제하며 균형을 이루게 하려는 의도였답니다.

　그러기 위해서는 제2차 세계 대전 이후 지속되었던 미국과 소련의 대결 상태를 조금 약화시킬 필요가 있었어요. 또 당시 소련과 함께 공산주의의 맹주였던 중국과 화해를 할 필요도 있었고요. 미국과 중국은 한국 전쟁에서 대규모로 충돌한 이후 적대 관계를 이어 왔어요. 그런데 1971년 여름 비밀리에 중국 베이징으로 파견된 키신저가 당시 중국의 2인자였던 저우언라이 총리와 17시간의 마라톤 비밀 회의를 했어요. 그렇게 해서 마침내 양국의 화해를 이끌어 내고 마오쩌둥 주석과 닉슨 대통령의 정상 회담을 성공시켰지요.

그 회의에서 두 사람은 외교적 대화뿐 아니라 역사와 철학을 넘나드는 깊은 대화를 나누었다고 해요. 키신저는 저우언라이를 일생 동안 자신에게 가장 강한 인상을 심어 준 두세 사람 중 한 명이라고 칭송했어요. 중국 측의 기록은 남아 있지 않지만 저우언라이도 키신저를 그렇게 받아들였을 거예요. 아무튼 중국과 미국의 수교는 당시 국제 질서를 뒤흔드는 엄청난 핵폭탄급 사건이었어요. 제2차 세계 대전 이후 25년간 공산주의와 자본주의의 냉전이 매우 치열하게 이어져 왔기 때문이에요. 그런데 바로 키신저가 이토록 단단한 이념의 벽을 허무는 대변화를 이끌어 낸 거예요. 탁구가 강한 중국과의 탁구 교류가 큰 역할을 했기 때문에 핑퐁 외교로 불린답니다.

키신저는 중국에 이어서 소련과도 화해 외교에 적극 나섭니다. 협상을 통해 핵무기를 줄이기로 합의하는 데 성공해요. 그때까지 무차별적으로 핵무기 경쟁을 해 오던 위험에서 드디어 벗어나게 된 거예요. 이때부터 소련과 문화 교류도 다시 하고, 식량 수출도 허락해요. 그동안 자본주의와 공산주의의 이념 대결을 했던 것에서 한 걸음씩 물러나 서로 평화롭게 같이 살자는 평화 공존을 선언해요. 그리고 미국이 베트남에서 전쟁을 끝내는 데 소련과 중국이 도와주기를 부탁해요. 그 결과 소련과 중국의 도움으로 미국은 베트남과 휴전 회담을 하게 되고 베트남에서 물러나게 되지요.

찬양과
비판을

함께 받다

미국의 외교 정책에 있어 키신저만큼 큰 발자국을 남긴 사람도 드물답니다. 앞에서 살펴본 것처럼 자본주의와 공산주의가 서로 으르렁거리던 냉전의 국제 정치에서 공산 국가 중국과 수교를 하고, 베트남 전쟁을 중단시켰을 뿐 아니라 소련과도 화해했어요. 우리는 이 시기를 두고 '데탕트', 즉 긴장 완화의 시기로 부릅니다.

키신저가 외교 정책의 중심으로 삼은 것은 도덕이나 명분이 결코 아니었어요. 그에게 가장 중요한 것은 국가의 힘이고, 또 이익이었어요. 키신저는 진정한 실용주의자라고 할 수 있어요. 미국의 이익을 달성하기 위해서는 수단과 방법을 가리지 않았으며, 필요하다면 적국과도 손을 잡아야 한다고 생각했어요. 한번 적이라고 해서 영원한 적이 아니며, 적이라고 해도 친구가 될 수 있다고 주장했어요. 그래서 공산주의 국가라고 해도 필요하다면 화해할 수 있다고 본 것이지요.

이러한 키신저의 사상에 큰 영향을 끼친 사람은 마키아벨리, 메테르니히, 비스마르크를 들 수 있어요. 먼저 마키아벨리는 국가 안보는 영원한 것이 아니고 언제든지 망할 수 있는 것이므로 생존이라는 목적을 위해 어떤 수단도 정당화된다고 했어요. 세상 사람들이 가볍게 말하는 것처럼 마키아벨리가 무지막지한 사람은 아니었어요. 사실 전쟁을 권하지 않았으며, 국가 안보나 이익을 위해 현실적으로 가능한 수단을 동원해야 한다고 했을 뿐이에요. 키신저도 마키아벨리처럼 이념과 원칙보다 국익을 위해 외교를 해야 한다고 생각한 사람이었어요.

키신저는 또한 메테르니히에게도 영향을 받았어요. 메테르니히는 앞에서 설명한 빈 체제의 원래 설계자로서, 5개국의 세력이 균형을 이루고 서로 견제하는 것이 국제 정치의 안정을 가장 확실히 가져올 수 있는 방법이라고 생각했어요. 여기에 키신저의 생각이 일치했어요. 물론 그가 유럽에서 꿈틀거리기 시작한 자유와 민주주의를 억압한 지도자였다는 점에서 키신저는 자신이 메테르니히와 비교당하는 것을 싫어했지만, 그에게 큰 영향을 받은 것은 사실이에요.

키신저에게 큰 영향을 끼친 또 한 사람은 비스마르크인데, 근대 외교를 말할 때 절대 빠지지 않는 인물이에요. 1862년 프로이센의 수상이 된 비스마르크는 최대의 경쟁자 오스트리아와 프랑스를 밀어내고 독일을 통일시켜 유럽의 새로운 강자로 키워 냈어요. 갈기갈기 찢겨진 독일을 하나로 만들고, 두 강대국을 물리친 것도 대단한 업적이에요. 그런데 독일을 통일한 후에 국가를 안정적으로 유지해 나간 것은 그의 뛰어난 외교술 덕분이었어요. 전쟁을 통한 정복보다 외교에 힘써서 피 흘리지 않고 독일의 통일을 유지했던 거예요. 전쟁을 일삼다가 결국 패망해 버린 나폴레옹과는 다른 길을 걸었던 것이지요.

하버드 대학 교수이며 오늘날 가장 뛰어난 국제 정치학자 중 한 사람인 조지프 나이는 비스마르크를 가리켜 몇 개의 공을 동시에 하늘로 던지는 저글링 기술을 부리는 곡예사와 같다고 했어요. 비스마르크가 19세기 '유럽 외교의 곡예사'라면, 키신저는 20세기 '세계 외교의 곡예사'라고 할 수 있지요.

사람이 완벽할 수 없듯이 키신저도 찬양만큼이나 비판도 받는 인물이에요. 예를 들면 베트남 전쟁을 끝낸 공로로 노벨 평화상을 받았지만, 동시에 키신저가 협상 과정에서 여러 가지 술수를 부리고 질질 끄는 바람에 훨씬 더 많은 미군과 베트남 사람들이 죽어

야 했다는 비판도 받아요.

또한 베트남과 휴전을 하면서 다른 한편에서는 이웃 국가인 캄보디아를 폭격해서 많은 사상자를 내고, 칠레 같은 남아메리카 독재 정권들의 편을 든 일들에 관해서 비판받아요. 그래서 일부 평화주의자들은 키신저를 전쟁 범죄자로 부르기도 해요. 그는 이런 사실들에 대해서 그 당시 상황에서 어쩔 수 없는 일이었다고 자신의 책에서 여러 차례 해명하며, 피해를 입은 사람들에게 유감을 표시했어요. 그는 또 이렇게 말해요.

"위대한 정치가는 종종 예언자들과 같은 운명을 가집니다. 즉 그는 자신의 조국에서는 명예를 얻지 못하고 또 자신의 계획을 국내에서 옳다고 증명해야 하는 어려운 숙제를 안고 있어요. 그들의 위대함은 그들의 통찰력이 나중에 사실이 된 후에 과거를 회상할 때야 분명해집니다. 정치가는 미래에 대한 전망을 가지고 있지만 직접 동포들에게 전달하지 못하고 자기 전망이 가지는 진실함을 증명할 수 없는 드라마의 주인공과 같아요."

인간은 완벽할 수 없듯이 그 역시 잘한 것과 잘못한 것이 모두 있을 거예요. 한 사람을 무조건 우상화하는 것도 위험하지만, 실수나 잘못을 보고 뛰어난 업적 전부를 외면해 버리는 것도 위험해요. 키신저가 학자로서, 정치가로서 그리고 외교관으로서 역사에 끼친 영향력이 엄청났다는 것은 분명한 사실이에요.

키신저는 최근에 오늘날의 세계가 위기인 것은 국민에게 희생하는 정치 지도자가 없기 때문이라고 했어요. 키신저가 국민을 위해 희생하는 이상적인 정치 지도자는 아니었을지 모릅니다. 하지만 키신저가 국제 정세를 가장 정확하게 분석하고, 국민에게 희생적인 지도자가 꼭 필요하다는 점을 알고 있는 뛰어난 인물임에는 분명해요.

02

세계 평화에

기여한

우드로 윌슨

꿈과 희망을
강조한

이상주의자

어떤 과학자가 쥐를 물이 든 항아리에 가두었을 때 얼마나 오랫동안 헤엄쳐 버틸 수 있는지 알아보는 실험을 했다고 해요. 뚜껑을 완전히 덮어 주자 쥐는 3분 만에 죽었어요. 하지만 뚜껑은 닫았어도 한 줄기 빛을 항아리 속에 비춰 주었더니 쥐가 무려 36시간이나 생존했다고 해요. 그 차이는 무엇일까요? 네, 그래요! 살 수 있는 희망이 없느냐 있느냐의 차이예요.

앞에 소개한 마키아벨리, 메테르니히, 비스마르크 그리고 키신저는 인간 본성과 국가 관계의 본모습은 협력이나 평화보다는 갈등이나 전쟁이 훨씬 더 정확한 모습이라고 말했어요. 이런 주장을 하는 사람들을 현실주의자라고 일컬어요. 현실주의자는 자신들

의 관점이 헛된 꿈이나 명분을 좇지 않고, 실용적이며 유연하다고 주장해요. 하지만 이런 주장이 인류의 평화로운 미래를 꿈꾸는 이상주의자에게는 절망으로 다가올 수 있어요. 우드로 윌슨이 살아온 삶과 그의 학문은 꿈과 희망을 훨씬 더 강조하는 이상주의자의 것이었어요. 윌슨은 이런 꿈을 개인적 삶에서뿐 아니라 국가와 국가의 관계에도 똑같이 적용했던 사람이에요.

미국의 28대 대통령을 지냈고 세계 대전의 재발을 막기 위해 국제 연맹을 창설했던 윌슨은 1856년 12월 버지니아 주 스탠턴에서 장로교 목사의 아들로 태어났어요. 아버지의 뜻대로 처음에는 목사가 되기 위해 데이비슨 대학에서 신학을 공부했지만, 곧 자신이 신학이나 목사와는 거리가 멀다는 것을 깨달았어요. 윌슨은 프린스턴 대학으로 전학을 갔고, 거기서 정치에 대한 소명을 찾았어요. 이어 버지니아 주립 대학에서 법학을 공부했지요. 윌슨은 정치의 길로 가는 것이 목사가 되는 일만큼이나 하느님의 뜻을 받드는 것이라고 생각했다고 해요. 즉 자신이 정치가가 되는 것이 곧 신의 명령을 따르는 것이라고 말이에요.

윌슨은 목사가 되는 길은 포기했지만 아버지의 영향을 많이 받았고, 아버지를 깊이 존경했다고 해요. 그의 아버지는 연설문은 짧고 분명하게 쓰라고 충고하면서 좋은 연설문을 총알에 비유했어요. "총알은 빠른 속도를 유지하기 때문에 구멍을 뚫을 수 있다. 연설문도 짧으면서 효과적이어야 사람의 마음을 뚫을 수 있다." 그가 대통령으로서 의회와 국제 무대에서 명연설을 많이 남긴 것은 바로 아버지의 영향이었는지도 모르겠네요.

월슨은 변호사 자격을 취득한 이후 친구와 함께 변호사 사무실을 차렸지만 성과가 신통치는 않았어요. 그가 작은 법률 소송에는 관심이 없었고, 의회에서 국가의 정책에 대하여 토론하는 것에 더 관심이 있었기 때문이에요. 결국 다시 학교로 돌아가 존스 홉킨스 대학에서 정치학 박사 학위를 땄어요. 이후 여러 대학에서 정치학 교수로 재직하다가 1902년 46세의 나이에 모교인 프린스턴 대학의 총장으로 취임했어요. 교직에 있던 16년 동안 그의 강의는 인기가 대단했어요. 많은 책과 논문을 저술했지만 월슨은 학자보다는 정치에 대한 욕심이 계속 커져 갔다고 해요.

결국 학교를 떠나 1911년 뉴저지 주지사에 당선됨으로써 마침내 정치가의 길을 걷게 돼요. 학교는 그에게 너무 좁은 무대였나 봐요. 어릴 때부터 그토록 꿈꾸던 정치 세계에 발을 내딛게 된 것인데, 사실 월슨의 정치 입문은 일종의 행운이었어요. 당시 국민들에게 외면을 받던 민주당이 상황을 벗어나고자 참신한 인물을 찾았고, 마침 뉴저지 주민들에게 좋은 평가를 받고 있던 월슨이 주지사 후보감으로 주목을 끌었어요.

결국 주지사로 선출된 월슨은 이후 성공 가도를 달리게 됩니다.

늘 서민들의 입장을 대변하고, 서민들의 지지를 바탕으로 해묵은 부패와 정부의 비효율을 가차 없이 고쳐 나갔지요. 이렇게 정치 개혁에 힘을 쏟아 뉴저지는 전국에서 정부 개혁의 모델이 되었고, 윌슨의 명성은 전국으로 알려지게 됩니다.

윌슨은 1912년 민주당 대통령 후보가 되었으며, 마침내 미국의 28대 대통령에 당선되었어요. 민주당 내 후보 경선에서도 초반의 불리함을 이기고 극적으로 후보가 되었으며, 대통령 선거에서도 상대 당인 공화당 후보들끼리 크게 대립하는 바람에 어부지리를 얻을 수 있었어요. 대통령이 된 윌슨은 주지사 때의 경험을 살려 정부를 개혁하고, 대기업의 불공정한 독점을 막고 노동자들의 이익을 보호하는 데 큰 힘을 쏟았어요. 그가 대통령직을 수행하는 동안 제1차 세계 대전이 일어났어요. 미국은 처음에는 중립을 지키다가, 후에 참가하여 연합국의 승리를 이끌어 냅니다.

절름발이가 된

민족 자결주의

20세기 초 미국은 세계 최강의 국가로 등장하고 있었어요. 이 시기에 대통령이 된 윌슨은 제1차 세계 대전을 승리로 이끈 여세를 몰아 '민족 자결주의'와 '세계 평화'를 내걸고 미국의 주도적 역할을 위해 발 벗고 나섰어요. 민족 자결주의란 한 민족이 외부의 간섭을 받지 않고 정치적 운명을 결정할 권리를 실현하려는 사상이지요. 반면에 유럽은 빈 체제가 흔들린 뒤로 강대국들의 세력 다툼이 점점 커지고, 식민지를 놓고 벌이는 제국주의 갈등이 한창이었어요. 이런 혼란의 상황에서 세계 평화와 민족 자결주의를 내세우고, 국제 연맹을 통해 전쟁을 막을 수 있다고 믿는 그를 사람들은 이상주의자라고 불렀어요. 윌슨이 이상주의와

주니어 대학

현실주의의 논쟁의 불을 붙인 셈이었지요.

　제1차 세계 대전이 발발했을 때 미국은 처음에는 일단 중립을 지키며 전쟁에 참여하지 않았어요. 그러나 독일 잠수함이 미국의 무역선을 침몰시키고, 또 영국과 프랑스 등 연합국이 간절하게 도움을 요청하자 결국 참여하게 됩니다. 미국의 참여로 독일은 완전히 기가 꺾여 버렸고 전쟁은 연합국의 승리로 끝나게 되었어요. 자연스럽게 윌슨과 미국은 유럽 및 세계를 구원한 영웅으로 부상했어요. 윌슨은 그야말로 국제 외교 무대에서 종횡무진 활약했어요. 지난 수십 년간 유럽에서 이렇게 한 개인을 영웅으로 대접한 적이 없을 정도였다고 해요.

　이런 인기에도 휴전 회담은 윌슨의 이상대로 흘러가지 않았어요. 윌슨이 선언했던 평화 원칙 14개 항목은 어느새 무시되었고, 점점 평화보다 자국의 이익만을 위해 혈안이 되어 갔어요. 특히 미국의 도움으로 승리한 유럽 국가들이 독일의 식민지를 빼앗고, 엄청난 배상금을 물리며 보복하려 했어요. 윌슨은 처음에는 독일에 대한 지나친 요구가 독일을 혼란에 빠뜨리고, 이는 또 다른 전쟁으로 이어질 것이라며 반대했어요. 하지만 시간이 흐르면서 윌슨도 자신의 숙원이었던 국제 연맹을 어떻게든 출발시키기 위해 타협해요. 연합국의 식민지는 해방시키지도 못하고, 독일에 대한 엄청난 보복을 허락하고 말았던 것이에요. 윌슨은 물론이고 많은 사람들이 걱정했던 것처럼 나중에 히틀러는 이를 빌미로 제2차 세계 대전을 일으켰어요.

꿈의 좌절은 여기서 끝나지 않았어요. 세계를 전쟁의 위험으로부터 지켜 줄 것이라고 믿었던 국제 연맹은 어려움 끝에 출범하기는 했지만 정작 윌슨의 조국인 미국에서는 받아들여지지 않았지요. 외국에서는 영웅이었고 미국 대중들에게도 인기가 있었지만 정적들이 많았던 거예요. 당시 야당이었던 공화당은 윌슨에게 심한 적대감을 가지고 있었기에 국제 연맹 참여를 의회에서 거부해 버렸어요. 국제 연맹의 창설을 주도한 미국이 불참하면서 국제 연맹은 시작부터 큰 흠집이 난 것이지요.

윌슨이 부르짖었던 민족 자결주의도 절름발이가 되어 버렸어요. 민족 자결주의는 당시 제국주의 국가들의 탄압에 신음하던 식민지 사람들에게 독립의 희망을 주었던 것이 사실이에요. 그러나 이것은 독일을 비롯한 패전국들의 식민지를 빼앗기 위한 수단으로 사용되었어요. 윌슨은 영국이나 프랑스, 일본 등 연합국이 식민지를 포기하도록 만들지도 못했지요. 이로 인해 일본 식민지에서 해방될 수 있다고 믿었던 우리나라가 큰 피해를 입었어요. 바로 1919년의 3·1운동이 윌슨의 민족 자결주의에 영향을 받아 일어났기 때문이지요. 일본이 연합국에 속해 있었기에 독립을 갈구하는 우리나라의 외침을 아무도 들어주지 않았던 거예요.

미국이 불참한

국제 연맹

　　월슨은 미국 역대 대통령 중 명예박사 학위가 아닌 자기가 실제로 공부해서 박사 학위를 따고, 교수가 된 유일한 사람이었어요. 당시까지 대부분의 미국 대통령들은 전직이 변호사이거나 군인이었지만, 월슨은 정치학 박사를 획득하여 여러 대학에서 학생들을 가르치고, 프린스턴 대학교에서 총장까지 역임한 학자이자 교육자였어요. 토머스 제퍼슨, 제임스 매디슨과 더불어 미국에서 가장 지적인 대통령으로 꼽힌답니다.

　　월슨은 많은 책과 논문을 남겼는데, 특히 국제 시대를 내다보는 선견지명으로 세계 정부론을 주창하여 국제 연맹 창설의 지적인 기초를 직접 개척했어요. 또한 정부 조직과 운영에 관한 해박한 지식으로 정치학의 또 하나의 관련 학문이라고 할 수 있는 행정학 분야에 훌륭한 기초를 닦았어요.

키신저를 설명할 때 비스마르크를 같이 설명했듯이 윌슨의 경우에는 철학자 임마누엘 칸트가 따라 나와요. 칸트는 '영구 평화론'을 주장했어요. 그것은 인간은 원래 합리적인 이성을 가지고 있으므로 전쟁보다는 평화를 원하고, 따라서 인류가 노력하면 영구적인 평화도 가능하다는 주장이에요. 그가 말하는 영구적인 평화는 조건이 필요한데, 그것은 모든 국가가 군주정이나 과두정이 아닌 민주주의 국가여야 한다는 거예요. 합리적인 이성을 가진 다수의 힘이 위력을 발휘하는 민주주의 국가들에 의해서 영원한 평화가 가능하다는 뜻이지요. 윌슨은 칸트의 영구 평화론을 직접 계승하고 국제 정치에 적용했어요.

윌슨은 칸트가 그랬던 것처럼 문명화된 인류는 교육과 제도를 통해 국가들이 전쟁으로 달려가지 않도록 하고 협상하여 평화를 유지할 수 있다고 믿었어요. 누가 봐도 전쟁은 모두가 피하고 싶은 비극이잖아요? 그러므로 대다수 국민은 전쟁을 원하지 않을 것이라고 생각했지요. 그런데 왜 전쟁이 일어나는 것일까요? 윌슨은 제1차 세계 대전이 발발한 이유를 19세기 유럽의 잘못된 외교 방식에서 찾았어요. 19세기 유럽의 국제 정치는 대표적으로 메테르니히와 비스마르크의 외교를 가리키는데, 권력과 국익을 앞세워

온갖 술수와 비밀이 난무하는 외교라는 거예요. 특히 소수의 권력자들이 자기의 사사로운 권력욕을 위해 국민들을 전쟁터로 내몰 수 있다는 것이 문제라고 봤지요.

따라서 윌슨은 전쟁을 막기 위해 꼭 필요한 것이 민주주의 국가들로 이루어진 국제기구라고 생각했고 이를 만드는 데 모든 노력을 기울였어요. 국제 연맹을 만들면 미래에 침략 국가가 생기더라도 국제 연맹에 속한 모든 국가들이 그 침략 국가를 처벌할 테니까 함부로 전쟁을 일으킬 수 없을 것이라고 생각했어요. 19세기 외교는 힘의 균형을 위해 서로 동맹을 맺고, 다른 동맹과 대적하는 방식이었기 때문에 전쟁의 씨앗을 늘 안고 있었어요. 그러므로 동맹 정치를 중단하고, 모든 국가가 참여하는 국제기구를 만들어 전쟁을 예방하자고 한 거예요. 윌슨은 이렇게 당시 국제 정치를 지배하던 '힘의 균형' 원칙에 대립되는 도덕주의와 이상주의를 내세웠답니다.

훌륭한 학자이자 대통령 자리에까지 오른 성공한 정치가이면서, 노벨 평화상까지 수상한 윌슨이었지만 비판도 없지 않았어요. 윌슨의 이상주의를 향한 비판과 성품을 향한 비판이 모두 제기되었어요. 이상주의에 대한 비판은 당연히 현실주의자들이 앞장섰어요. 그들은 이상주의는 실리보다 명분에만 치우쳐 있다고 주장했어요. 이는 권력이라는 현실을 무시한 것이며, 바람직한 목표가 있다고 해서 문제가 해결되는 것은 아니라고 비판했어요. 국제 사회에서는 힘과 이익 앞에서 어떤 도덕적인 원칙도 힘을 쓸 수가 없음을 국제 연맹이 오히려 증명했다고 말해요.

이외에 국제 연맹이 미국 의회에서 통과되지 못한 주요한 이유가 타협할 줄 모르는 결벽증 때문이라는 평가도 있어요.『미국사 산책』을 쓴 강준만 교수는 이를 두고 "자신이 낳은 맏아들을 스스로 죽인 셈"이라고 했답니다. 윌슨이 타협안을 거부하고 반대하는 정치인들을 포용하지 못한 채 멀리한 것은 유연하지 못한 정치인의 모습이었어요.

그리고 윌슨이 내세우는 원칙이나 도덕의 기준이 세계 모든 민족이나 국가들이 동의할 수 있는 것이라기보다는 미국 위주의 원칙이었다는 비판도 있어요. 또한 그는 흑인을 대놓고 탄압하지는 않았지만 백인 우월주의자라는 의혹을 받았고, 한편에서는 민족 자결주의를 외쳤지만 남아메리카나 아시아 국가들에 대해서는 무시하는 태도를 보이기도 했어요.

앞에서 소개했던 키신저도 윌슨을 평가했답니다. 키신저는 국제 연맹이 가진 지나친 이상주의적 성격에 대해서 비판을 했어요. 하지만 그보다도 윌슨이 자기가 만든 국제 연맹을 어떻게 해서든지 지키지 않고 국내 세력의 반대에 직면하자 내팽개치고 고립주의로 돌아가 버림으로써 제2차 세계 대전의 발발을 막지 못했다는 부분을 더 강하게 비판해요. 국제 연맹에 가입해야 하는 필요성을 국민에게 직접 알리기 위해 자기의 건강을 돌보지 않고 강행군한 탓에 쓰러져 반신불수가 되고 결국 죽음에까지 이른 윌슨이 이 평가를 들었더라면 참 억울하겠지요?

윌슨이 죽었을 때 미국인들 사이에서 떠돌던 이야기가 있었대요. 그가 죽어서 천국에 갔고 거기서 모세를 만났답니다. 모세가 윌슨을 보고 "자네가 바로 윌슨인가? 정말 불쌍하네. 자네가 제안했던 14개의 평화 원칙은 제대로 지켜지지도 않고, 국제 연맹은 지지부진하니까 말일세."라고 말하자 윌슨이 대답했어요. "그 옛날 하느님께서 모세를 통해 인간에게 내리신 십계명은 잘 지켜지던 가요?" 실제로 생전에 윌슨은 자신의 평화 원칙을 십계명에 자주 비교했다고 해요. 인간들이 신의 명령도 그렇게 잘 어기는데, 인간들의 합의를 잘 지키지 못하는 것이 당연하다는 생각이었어요. 이렇게 보면 그가 아주 막무가내의 이상주의자만은 아니었을지도 모르겠네요.

3부

정치 외교학,
뭐가
궁금한가요?

01

정치인이 되려면
어떻게
해야 하나요?

정치에 대한 사람들의 인식이 매우 부정적인 것은 우리나라는 물론이고, 외국에서도 마찬가지랍니다. 정치인에 대한 신뢰도가 낮기 때문에 자녀가 정치인이 되는 것을 원하는 부모들이 많지 않아요. 미국을 예로 들어 보면 자녀가 정치를 직업으로 선택하기를 바라는 부모는 23퍼센트 정도 된다고 해요. 정확한 통계가 없어 모르긴 해도 우리나라는 훨씬 더 적지 않을까 짐작되네요.

하지만 인간은 정치적 동물이며, 우리는 정치를 떠나 살 수 없어요. 많은 사람들이 대통령, 국회 의원, 지방 의원 등 정치인이 되고자 치열하게 경쟁하고 있어요. 물론 권력과 이익만을 위해 달려가는 사람들도 있겠지만, 사회 정의와 공평을 위해 일하려는 사람들도 많다고 믿어요.

대통령이나 국회 의원이 아니더라도 정의로운 사회를 위해 정치를 하는 사람들이 우리나라 구석구석에 있어요. 전문 지식을 가지고 외교, 경제, 국방, 노동, 환경 등 각 분야에서 일하는 공무원들이 있어요. 또 시민 단체에 들어가서 정부가 하는 일을 감시하고 국민에게 알리는 등의 활동도 꼭 필요한 정치 행위예요.

정치인의 꽃이라고 할 수 있는 국회 의원과 대통령에 출마할 수 있는 자격 조건을 갖추는 것은 별로 어렵지 않답니다. 우리나라 공직 선거법에서는 선거일 현재 5년 이상 국내에 거주하고 있는 40세 이상의 국민은 대통령 피선거권(선거에 입후보하여 당선인이 될 수 있는 권리)이 있다고 정의해요. 국회 의원은 더 쉬워요. 국회 의원 피선거권은 25세 이상의 국민이라면 누구나 가질 수 있거든 요. 꼭 대학을 졸업해야만 하는 것도 아니에요.

물론 선거에 나가서 당선되어야 하는 것이 정치인이 되는 길의 핵심인데, 쉬운 일은 아니지요. 뽑아 주면 정치를 잘할 수 있다는 것을 사람들에게 어필해야 하고, 전문 지식도 갖추어야 하며, 선거 운동을 위한 인력과 자금도 필요해요. 미리 치밀한 준비를 해야만 한답니다. 이렇듯 많은 공부와 경험이 있어야 정치를 잘할 수 있어 요. 그래서 곧바로 정당에 들어가거나 국회 의원 선거에 뛰어들지 않고 자기 분야에서 전문가로 활동하다가 나중에 정계에 입문하 는 사람들이 많아요. 변호사나 교수, 경제인 등이 국회로 진출하 는 경우를 흔히 볼 수 있지요.

사실 정치인이 되는 '방법'보다는 '이유'가 더 중요해요. 정치인 은 자기 욕심을 채우기 위해서가 아니라 다수의 행복을 위해 좋 은 정치를 하겠다는 마음을 가져야 해요. 정치라는 것이 사람들 과 집단 그리고 국가 사이에서 의견이나 이익의 차이로 생기는 갈 등을 해결해 주는 것이라고 했지요? 정치는 바로 억울한 사람들 이 없는 사회를 만드는 것이에요. 공자는 정치를 '바로잡음(正)'이 라고 말했답니다. 곧 올바름을 추구하는 것이 정치이므로 정치인 이 되려 하는 사람은 정의를 추구해야만 해요.

02

외교관이 되려면
어떻게
해야 하나요?

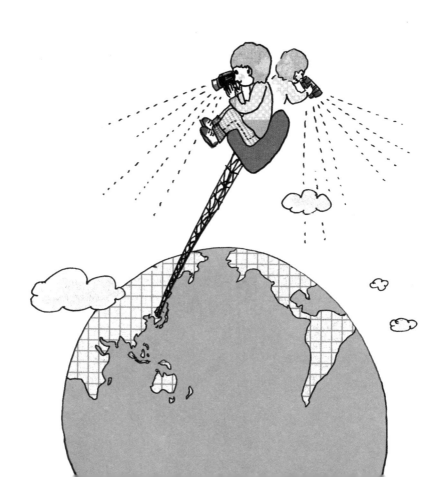

외교관은 국가를 대표하여 국가의 이익을 증진시키고 국민을 보호하기 위해 여러 가지 업무를 수행하는 사람이에요. 특정 사안에 대해 상대국과 협상을 하고, 평상시에는 맡은 나라의 정보를 모으고 분석하여 본국에 보고하는 일을 해요. 그 외에도 그 나라 사람들과 좋은 관계를 유지하기 위해 여러 방면의 활동을 해요.

나날이 치열해지는 국제 정치에서 우리나라의 이익을 위해 일하려면 높은 전문성을 가진 우수한 인재가 되어야겠죠. 그렇다면 외교관이 되기 위해서는 어떤 자질을 갖추어야 할까요?

우선 외교관은 국가를 대표해서 국제 무대에서 다른 국가의 외교관과 경쟁해야 하기에 사명감이 꼭 필요해요. 말과 행동을 신중히 해야 하며, 상대 국가의 신임을 얻기 위해 호감과 믿음을 심어 줄 수 있는 인품도 필요해요. 외교관은 외국인과 자주 만나는 직업인 만큼 외국어를 잘해야 하는 것은 더 말할 필요가 없겠지요?

그런데 단순히 언어만 잘하면 되는 것이 아니라 소통을 잘해야 해요. 생김새가 다르고 문화와 생활 방식이 다른 사람들과 교류해야 하기에 열린 마음을 가져야 하는 것은 물론이고, 그 나라의 문화에 대해서 깊이 있는 지식을 갖추어야 해요. 생각해 보세요. 한국에 온 다른 나라의 외교관이 한국의 문화를 무시하고, 한국을 싫어한다면 우리와 좋은 관계를 맺을 수가 없겠지요.

외교관은 자신이 파견되는 국가는 물론이고, 주변국, 더 나아가서는 세계가 어떻게 돌아가는지 항상 살펴야 해요. 국제 관계는 시시각각 바뀌기 때문에 외교관이 된 후에도 늘 공부하는 자세를 가져야 하지요. 어떤 일들은 빠른 판단과 통찰력을 필요로 해요. 순발력 있게 상황을 정리하고 판단할 수 있는 지식과 논리적 사고도 필요하지요. 이런 훈련을 가장 잘 받을 수 있는 곳이 바로 정치 외교학과입니다. 정치 외교학과를 졸업한다고 해서 모두 외교관이 되는 것은 아니지만, 외교관이 되고 싶다면 정치 외교학과를 가는 것이 가장 좋은 선택이라고 할 수 있어요.

졸업 후 외교관이 되는 길은 여러 가지가 있을 수 있어요. 그중에서 가장 정통 코스라고 할 수 있는 길은 시험을 통해 국립 외교원에 들어가는 것이에요. 과거에는 사법 고시를 통해서 법관을 뽑고, 행정 고시를 통해 정부 관료를 뽑는 것처럼 외무 고시를 통해서 외교관을 뽑았어요. 하지만 2013년부터는 국립 외교원에서 1년 동안 외교관에게 필요한 교육을 받은 후에 평가를 거쳐 외교관이 됩니다. 물론 국립 외교원 외교관 후보자 과정에 합격하기는 쉽지 않답니다. 외무 고시보다는 더 많은 수를 뽑기는 하지만 여전히 외교관이 되는 정통 코스인 만큼 대단히 어렵지요. 그러나 꿈을 버리지 않고 노력한다면 길은 있어요.

03

외교관들은
어떤 삶을
사나요?

많은 사람들이 외교관을 화려하고 멋진 직업으로 생각하는 것 같아요. 외국을 마음대로 다니고, 화려한 파티에 참석해서 유명한 사람들과 교류할 수 있는 기회를 가질 수 있으니까요. 수십 년 전만 해도 외국에 나가는 일이 쉽지 않았기에 외국을 자유롭게 다닐 수 있는 외교관이라는 직업은 부러움의 대상이었어요.

그런데 외교관의 삶이 화려하기만 한 것은 아니랍니다. 프랑스 외교관 주스랑은 "악마들이 판도라의 상자에서 도망 나왔을 때 시작된 외교관의 임무는 아마도 이 악마들이 다시 상자 속으로 되돌아가는 날이 되어서야 끝나게 될 것이다. 그러나 그런 행복한 날은 가까운 시일 내에는 오지 않을 것이다."라며 외교관의 운명적 어려움을 호소했어요.

외교관들은 국가를 위해 기후도 다르고 환경도 낯선 곳에 가서 수년씩 고생하며 살아요. 아프리카의 오지 같은 지역에 갈 경우에는 더욱 힘든 생활을 각오해야 하지요.

외교관들 사이에 '온탕'과 '냉탕'이라는 말이 있답니다. 온탕은 살기 좋은 선진국을 말하고, 냉탕은 생활 환경이 상대적으로 나쁜 아프리카를 비롯한 저개발국을 말해요. 그런데 큰 이변이 없는 한 3년에 한 번씩 임무 지역을 옮기는 순환 근무가 기본이라고 해요. 냉탕과 온탕을 오가면서 근무해야 한다는 말이에요. 찌는 듯이 더운 사막에서도 살아야 하고, 전기와 물이 부족한 곳에서도 살아야 해요. 게다가 늘 평화로운 곳에만 갈 수는 없답니다. 생명이 위태로운 분쟁 국가에 파견될 수도 있어요. 이런 경우에는 가족들을 데리고 가서 살기가 어려워 떨어져 지내기도 해요.

온탕에 부임한다고 해도 기대와는 조금 다른 생활이 기다려요. 예를 들어 볼까요? 우리나라에서 손꼽히는 명문 대학을 졸업한 후 그 어렵다는 시험에 합격해서 외교관이 되어 세계 정치의 중심 워싱턴의 주미 한국 대사관에 부임해요. 생각만 해도 멋지지 않나요? 자부심은 하늘을 찌르고, 금방이라도 나라를 빛낼 모든 준비가 되어 있는 듯이 스스로 생각할 거예요. 멋진 옷을 차려입고, 비싼 차를 타고, 호화로운 파티에서 칵테일을 마시면서 다른 나라 외교관들과 국제 정세에 관해 의견을 나누는 모습을 상상했을지도 몰라요.

물론 그런 파티가 없는 것은 아니지만 현실은 좀 달라요. 세계 최강 미국의 외교관과 담판을 내는 상상을 하고 왔지만, 주로 하는 일들은 기대와 다르지요. 공항에 나가 한국에서 오는 정부나 국회 사람들을 마중하고 배웅하는 일부터, 상사가 필요로 하는 자료를 복사하고 보고서를 쓰는 서류 업무까지 해요. 때로는 현지 교민들의 사건 사고를 수습하는 일도 해야 하지요. 외교관마다 나름의 전문 분야가 있지만 거기에만 집중할 수 없고, 파견된 국가와 본국 그리고 교민들과 관련된 거의 모든 일을 다뤄야 해요.

외교관은 외교 무대에서 활약하기에 앞서 이처럼 여러 가지 일부터 해야 합니다. 그것도 생각보다 더 긴 기간 동안 해야 할 수도 있지요. 그렇지만 이런 일들도 다 중요하고 누군가는 해야 하는 일이에요. 그래서 외교관에게 자신보다 나라를, 자신보다 그곳에 살고 있는 우리 교민들이나 여행 중인 국민들을 우선 생각하는 사명감이 요구되는 것이지요. 정치가나 외교관 모두 약자를 보호하고, 도움이 필요한 사람들에게 봉사하는 직업이에요. 자, 여러분은 이런 삶을 기꺼이 선택할 마음이 있나요?

04

우리 역사상 외교를 잘했던 시대는 언제일까요?

우리나라는 반도 국가이지요. 반도는 힘이 강하면 대륙과 바다 양쪽으로 뻗어 나갈 수 있으니 좋아요. 오래전에 세계를 지배했던 이탈리아 반도의 로마 제국이 그랬지요. 그런데 힘이 약한 반도 국가는 대륙의 국가와 섬 국가 사이에서 양쪽 모두에게 괴롭힘을 당할 수 있어요. 우리 속담처럼 고래 싸움에 새우 등이 터져요. 우리나라는 대륙 국가인 중국에 자주 시달려 왔고, 임진왜란 때는 섬나라 일본에 크게 침략당했어요. 이렇게 우리나라는 강대국들 틈새에서 무려 900번 이상 침략을 당했다고 하네요.

만약 여러분 집에 900번이나 강도가 들었다면 어떨까요? 항상 두렵고 불안하겠지요? 그래요. 우리 민족은 그렇게 불안한 마음을 안고 살아왔어요. 그래서 우리나라는 어떤 국가보다 좋은 외교 기술이 필요했어요. 때로는 외교술을 통해 위기를 벗어나기도 했지만 아쉽게도 그렇지 못한 때도 많았어요.

우리 역사상 외교를 가장 잘했던 때는 고려 시대예요. 993년 소손녕이 이끄는 거란의 80만 대군이 고려를 침공했어요. 아무런 준비도 되어 있지 않은 고려는 어찌할 바를 모르고 발만 동동 구르고 있었지요. 어떤 신하는 무조건 항복하자고 했고, 다른 신하는 북쪽 땅의 일부를 떼어 주면 물러갈 것이라고 주장했어요. 그때 서희 장군은 고구려의 옛 땅을 오랑캐에게 결코 내줄 수 없다면서 직접 거란과 협상하겠다고 나섰어요.

서희 장군이 소손녕과 만나는 순간부터 기 싸움이 시작되었어요. 소손녕은 고려같이 작은 나라 사신이 대국의 장군에게 먼저 인사해야 한다고 했지만 서희 장군은 끝까지 버텼어요.

소손녕이 "고려는 신라를 이어받은 나라이다. 지금 고구려 땅은 거란이 가지고 있으니 북쪽 땅을 바쳐라."라고 했어요. 그러자 서희 장군은 "우리는 고구려를 이어받은 나라라서 이름도 고려라고 했다. 우리가 거란과 국교를 맺고 싶어도 중간에 여진족이 막고 있어서 그럴 수 없다. 여진족을 쫓아내고 그 땅을 원래 주인인 고구려의 후손 고려에 줘야 한다. 그렇게 하면 앞으로 거란에 조공을 바치겠다."라고 말했지요. 어떻게 보면 억지가 섞인 주장이었지만 놀랍게도 거란의 장군 소손녕은 꼼짝없이 말려들어 옛 고구려 땅의 일부인 강동 6주까지 돌려주고 군대를 철수했어요. 우리나라 외교 역사상 가장 통쾌한 장면이에요.

고려의 외교 환경은 녹록하지 않았답니다. 중국 대륙에서 송나라와 거란족, 여진족 그리고 몽골이 서로 조금이라도 더 많은 땅을 차지하려고 전쟁을 밥 먹듯이 하는 시기를 견뎌 내야 했어요. 강감찬 장군같이 군사력으로 침략을 막아 낸 것도 훌륭하지만 서희 장군같이 뛰어난 외교술로 강대국들을 구워삶아 전쟁을 피해 간 것은 정말 잘한 일이었어요.

고려의 외교술은 세계적인 제국을 건설한 몽골에게도 통했어요. 몽골 고원의 유목 민족이었던 칭기즈 칸은 부족을 통일하고 제국을 건설해 나갔어요. 마침내 중국을 정복한 몽골은 고려와도 충돌했지요. 당시 고려는 몽골의 상대가 되지 못했고, 몽골로부터 30여 년에 걸친 침략과 지배를 당해요. 하지만 온갖 불리함과 어려움 가운데서도 고려는 뛰어난 외교를 통해 국가의 생존을 이어 갈 수 있었어요.

고려와 몽골이 세운 원나라의 외교 관계에 대해 많은 이야기들이 전해집니다. 가장 유명한 얘기 하나만 해 볼까요? 고려가 강화도로 수도를 옮기려고 하자 몽골이 시비를 걸었어요. 몽골은 군대를 보내 원래 수도인 개경(지금의 개성)으로 다시 돌아가라고 압박했어요. 육군은 강하지만 해군이 약했던 몽골이라서 고려의 왕이 강화도에 피신하는 것을 싫어했기 때문이에요. 이에 대해 고려의 왕 고종은 사신 김수강을 몽골로 보내 설득했어요.

"입장을 바꿔 생각해 보시옵소서. 짐승이 굴속에 숨어 있는데, 활과 화살을 쥔 사냥꾼이 그 앞에서 지키고 서 있으면 어찌 나오겠습니까?" 김수강이 이렇게 말하자 원나라 황제는 '네가 바로 진짜 사신'이라고 감탄하며 군대를 철수했다고 해요. 이후에도 몽골은 계속 고려를 괴롭혔지만 그때마다 고려는 외교로 위기를 모면했어요. 오늘날 남북으로 분단된 채 미국, 중국, 일본, 러시아에 둘러싸인 우리나라에 꼭 필요한 외교술이랍니다.

05

정치학에서는
무얼
배우나요?

정치학은 사회 과학 분야에서 핵심적인 학문 중 하나예요. 문학이나 철학처럼 인문학이 인간 자체를 공부하는 것이라면, 사회 과학은 인간과 인간 사이에 벌어지는 일들을 공부하는 것이지요. 사회 과학에는 정치학, 법학, 경제학, 행정학, 사회학 등이 포함돼요. 이 중에 정치학은 인간과 인간이 만들어 내는 사회에서 발생하는 권력과 권력 관계를 다루는 학문이에요. 법학이 법률을, 경제학이 돈과 관련된 효용성을 중심으로 인간 사회를 분석한다면, 정치학은 사회를 인간의 권력 관계 측면에서 분석해요.

정치학은 역사가 깊은 학문이에요. 1부에서 정치학의 역사를 통해 살펴보았듯이 고대에 이미 시작됐어요. 역사만 오래된 것이 아니라 범위 또한 매우 넓지요. 사회 과학이란 사회 현상을 이해하는 것이므로 학문의 대상은 겹치게 돼요. 정치학도 다른 사회 과학과 연결 지점이 많아요. 역사학과 맞물려 있는 정치사, 사회학과 연결된 정치 사회학, 경제학과 맞물려 있는 정치 경제학, 심리학과 연결된 정치 심리학 등이 있어요.

정치학은 넓은 범위와 수많은 주제들을 다루어서 분야별로 깔끔하게 정리하기는 쉽지 않아요. 나라별로 조금 다르고, 또 대학이나 학자들도 다양하게 정치학 내의 분야들을 나누고 있답니다. 먼저 3가지 큰 분야인 정치사상, 국제 정치, 비교 정치로 나누는 방식이 가장 보편적이에요. 정치와 관련된 철학과 사상을 공부하는 정치사상과 국제기구, 국제법, 외교 등을 배우는 국제 정치 분야는 대체로 이해하기 쉽지요. 그럼 비교 정치는 무엇일까요?

비교 정치는 앞의 두 분야를 제외한 거의 모두를 포함한다고 할 수 있어요. 먼저 헌법이나 정부의 기능과 제도 등을 공부하는 '정치 제도', 선거나 정당, 국민 여론 등을 다루는 '정치 과정'이 있어요. 그리고 각 나라별 정치에 대한 연구도 포함되고, 비교 정치라는 제목이 의미하듯이 이들 국가들의 정치를 비교하는 분야도 포함된답니다. 한국의 대학에서는 한국 정치가 가장 중요해서 이를 마치 한 분야처럼 따로 떼어 집중적으로 다루기도 해요.

정치학이 발달한 미국의 대학에서는 대부분 4개 분야로 나누어요. 국제 정치와 정치사상은 그대로이고, 범위가 너무 큰 비교 정치를 '정치 제도'와 '정치 과정'으로 분류하지요. 유럽처럼 역사를 중시하는 곳에서는 정치사나 외교사도 포함해서 5가지로 나눠요. 최근에는 정치학을 탐구할 때 어떤 연구 방법을 사용하는 것이 가장 중요하고 또 효과적인지를 연구하는 '정치학 방법론'을 따로 분리하기도 해요.

한편 미국을 포함한 국제 학계에서는 정치학과라고 부르는데 반해서 한국의 대학들은 정치학과보다는 정치 외교학과로 불리는 학과들이 대부분이에요. 외교에 해당하는 분야로 국제 정치가 정치학 내의 한 분야로 있다고 했지요? 그런데 왜 한국에서는 유독 이렇게 부를까요? 정치학과 외교학, 마치 관련은 있지만 두 가지 전공을 배우는 것처럼 말이에요.

정확한 이유는 알기 어렵지만 추측은 가능해요. 일본에게 식민지 지배를 당한 역사가 있었고, 해방이 된 이후에도 열강들의 세력 다툼으로 전쟁을 겪었으며, 지금도 강대국들의 틈바구니에서 살아남으려면 외교가 너무도 중요하기 때문일지도 몰라요. 국제 정치의 지리적 특성과 역사를 연구하는 사람들은 발칸 반도와 더불어 한반도의 처지를 '지정학적 저주'라고 부른답니다. 게다가 남북한이 분단까지 된 어려운 환경이지요. 다시는 비극적인 전쟁을 치르지 않고 국가의 생존을 지키기 위해서 외교의 중요성이 더욱 커진 탓이라고 여겨져요.

마지막으로 강조하고 싶은 것이 있어요. 그것은 정치학이란 곧 인간을 배우는 학문이라는 점이에요. 인간과 인간 사이의 문제를 다루는 정치도, 국가와 국가 사이의 문제를 다루는 외교도 인간을 이해하지 못하고서는 불가능하겠지요? 정치학은 좋은 정치를 어떻게 할지 '연구하는' 학문인 동시에, 그것을 배워서 직접 좋은 정치를 '실천하는' 정치인이 되기 위해 선택할 수 있는 좋은 학문이에요. 또 훌륭한 시민으로 살아가고 좋은 정치인을 선택할 수 있도록 도와줄 뿐 아니라, 사회를 정확하게 판단할 수 있는 능력을 키워 주기 때문에 매우 유용해요.

주니어 대학

06

국제기구에서
일하려면
어떻게 해야 하나요?

정치 외교학은 인간관계에서 반드시 존재하는 권력을 연구하는 학문이므로 현실과 직접 맞닿아 있다고 할 수 있어요. 정치학이 다루는 영역이 넓은 만큼 공부 이후에 나아갈 진로도 매우 다양하답니다. 학계, 경제계, 외교부를 포함한 정부 부처, 국회, 언론 등에 정치학 전공자들이 많이 진출하고 있어요. 그중에 최근에 와서 주목받고 있고, 정치학 공부를 한 사람들이 가고 싶어 하는 일터가 국제기구예요.

한국인 최초로 반기문 씨가 국제 연합(UN)의 최고 직책인 사무총장이 된 것도 이런 분위기에 일조했을뿐더러 개별 국가의 외교라는 울타리를 뛰어넘는 다양한 국제기구들이 많이 생겨났기 때문이에요. 우리나라의 유능한 인재들이 이제는 외교부에 들어가서 한국의 외교관이 되는 것에 멈추지 않고, 다양한 국제기구로 많이 진출하고 있어요.

또 한 가지 이유를 덧붙일 수 있는데, 그것은 국제 사회에서 한국의 위상이 많이 달라졌기 때문이에요. 국제 연합을 포함한 주요 국제기구들이 창설될 당시 한국의 국력은 너무도 보잘것없었고, 분단국가라는 약점 때문에 국제기구에 한국인 직원을 거의 진출시키지 못했어요. 그러다가 1990년대 탈냉전 이후 한국은 유엔에 가입했을 뿐 아니라, 국제 사회에서의 영향력도 빠른 속도로 커졌어요. 또한 각종 국제기구의 운영을 위해 한국도 많은 돈을 내고

주니어 대학

있어요. 이런 기여에도 불구하고 국제기구에 진출하는 한국인의 숫자는 생각만큼 크게 늘어나지 않았어요. 이런 문제를 극복하기 위해서 정부는 1995년 외교부 내에 '국제기구 인사 센터'를 설치해서 국제기구에 진출하려는 사람들을 돕고 있어요.

국제기구에서 일하고자 하는 사람은 시간이 갈수록 늘지만 취직하기 매우 어려운 것이 사실이에요. 국제기구는 기업체에서 사람을 뽑는 것처럼 매년 많은 사람을 공개적으로 꼬박꼬박 뽑지 않고 필요할 때만 모집을 해요. 또 인턴십 프로그램을 통해 일단 일을 시켜 보고 나중에 정식 직원으로 받아들이는 방식을 많이 채택하고 있어요. 인기 있는 국제기구는 이런 인턴 자리조차 경쟁이 너무 심해서 수천 명, 심지어 수만 명이 지원하기도 해요.

그렇다면 국제 연합(UN), 국제 무역 기구(ITO), 국제 통화 기금(IMF), 세계은행 등 유명한 국제기구만 목표로 삼지 말고 제3세계를 돕는 기구나 국제 비정부 기관 등도 생각해 보는 것은 어떨까요? 월급은 유명한 국제기구보다 적지만, 일을 하는 보람도 있고, 나중에 이곳에서 얻은 경험과 지식을 바탕으로 유명한 국제기구로 가는 데 유리한 경력이 될 수 있어요. 그러니 꿈이 있다면 포기하지 말고 끝까지 도전해 보도록 하세요.

정치 외교뿐 아니라 경제나 문화 등 수백 가지의 다양한 국제기구가 있기 때문에 반드시 정치 외교학과 출신만이 국제기구에서 활동하는 것은 아니에요. 그렇지만 국제기구에 진출하기 위해서는 외국어는 물론이고 국제적인 감각을 가지고 있어야 하고, 국제 정세에 대한 지식이 많이 필요하다는 점에서 정치 외교학 전공자가 여러 면에서 강점이 있다고 할 수 있지요.

반기문 국제 연합 사무총장이 누구나 따라 할 수 있는 모델이라고 할 수는 없지만 정치 외교학도들에게는 큰 동기 부여가 됩니다. 그는 학부에서 정치 외교학을 전공했으며, 졸업 후 외무 고시에 합격해서 외교관 생활을 시작했어요. 이른바 정치 외교학도로서 가장 정통 코스로 걸었던 것이지요. 그는 30년간 외교관으로 근무했으며, 외교부 장관까지 역임한 후 2006년에 드디어 국제 연합 사무총장에까지 이르게 되었어요.

07

한 표는
정말
중요한가요?

선거가 있을 때마다 선거 관리 위원회나 방송에서 "귀중한 한 표를 꼭 행사하세요!"라는 말을 해요. 최근에는 투표율 하락이 세계적인 현상이 되고 있어 국민의 참여를 핵심으로 하는 민주주의 제도가 위기에 빠졌다고 주장하는 사람들도 있어요. 우리가 한 표를 행사할 수 있는 보통 선거 제도를 확보하기 위해 역사상 얼마나 많은 피를 흘렸고, 또 단 한 표의 차이로 역사가 바뀐 경우도 많았다는 것을 생각하면 이대로는 곤란할 것 같아요. 역사를 바꾼 한 표의 대표 사례들을 소개해 볼게요.

가장 먼저 현대 민주주의가 확립되는 데 큰 공이 있는 프랑스에서 있었던 일이에요. 프랑스의 민권 혁명은 여러 번 일어났고 왕정과 공화정이 번갈아 가며 정권을 잡는 시기가 거의 백 년을 갔어요. 1875년 프랑스가 왕정을 계속할 것인지, 아니면 공화정을 할 것인지를 두고 투표하기로 했어요. 당시 왕당파와 공화파의 국회 의원은 똑같이 353명이었답니다. 그런데 투표 당일 왕당파 의원 중 한 명이 갑자기 복통이 생겨서 투표를 하지 못하게 되었고, 결국 한 표 차이로 프랑스는 공화정으로 가게 되었어요.

또 다른 예는 영국의 청교도 혁명 과정에서 찾을 수 있어요. 1645년 크롬웰이 권력을 잡았는데, 그 과정에서 한 표가 결정적인 역할을 했어요. 당시 영국 의회에서 크롬웰을 영국군 총사령관으로 임명할지에 대해 투표를 했어요. 역시 단 한 표 차이로 크롬

웰은 영국을 다스리는 통치 권력을 잡게 됐어요. 크롬웰이 영국을 공화정으로 바꾼 것은 좋은 일이었지만, 이후 그는 독재 정치를 하기 시작했고, 영국 국민들은 고통의 세월을 보내게 되지요.

또 다른 예는 미국의 건국 초기에 일어났던 일이에요. 제3대 대통령 선거에서 한 표가 큰 역할을 했어요. 당시 미국은 대통령을 하원에서 뽑았는데 토머스 제퍼슨이 상대 후보인 에런 버를 단 한 표 차이로 꺾고 대통령에 당선되었어요. 제퍼슨 외에도 루스벨트를 포함해서 여러 명의 미국 대통령들이 한 표 차이로 당선되었지요. 한편 제2차 세계 대전을 일으키고 유대 인을 학살한 히틀러는 1923년에 단 한 표 차이로 나치스의 당수가 되었어요.

2008년 미국에서 개봉한 영화 「스윙 보트」는 이 한 표의 위력을 영화적 상상력으로 보여 줘요. 세상에 대해서 늘 냉소적이었던 중년 남자 버드는 열두 살 난 딸 몰리를 학교에 데려다주면서 "투표로 달라지는 건 아무것도 없어. 마치 네 뜻대로 될 것 같다는 기분만 들게 할 뿐이지. 누구한테 투표하건 상관없이 우린 보험료도 못 낼 형편이고, 네가 아프면 또다시 내 피라도 팔아야 할 거야."라고 말해요. 마침 그날은 대통령 선거일이었고, 몰리는 학교에서 배운 대로 아빠에게 투표를 꼭 하라고 간청해요. "선생님은 모든 투표가 중요하고, 그건 사회적 약속이랬어."라고 소리치면서 말이지요.

하지만 아빠는 딸의 말을 흘려버리고 결국 투표장에 가지 않고 출근했어요. 게다가 그날 근무 태만으로 직장에서 해고까지 당하고 술에 만취하지요. 그런 아빠를 대신해 몰리가 몰래 투표권을 행사하려고 해요.(물론 이런 행동은 불법이에요.) 그런데 전자 투표기가 고장 나면서 대통령 선거는 동점이 되고, 버드 혼자만 재투표를 하게 되는 일이 생겨요. 이후 양당 후보들이 버드에게 엄청난 선거 공세를 퍼붓게 되면서 버드는 전국적인 화제의 인물이 되지요. 물론 반장 선거도 아니고 미국 대통령 선거에서는 확률적으로 불가능한 일이지만 그래도 한 표의 힘을 보여 주기에는 충분한 영화랍니다.

과거와 달리 오늘날의 선거에서는 수만에서 수백만이 투표하기 때문에 한 표 차이로 결정되는 경우는 확실히 줄었어요.(하지만 아직도 일어날 수 있는 일이에요. 2008년 강원도 고성 군수는 한 표 차이로 당선되었답니다.) 그러나 나 하나쯤이야 하며 투표권 행사를 포기하는 순간 나도 모르게 내가 원하지도 않은 전쟁에 끌려갈 수 있어요. 또 내가 적극적으로 투표권을 행사하는 순간 평화로운 세상에서 행복하게 살 수도 있게 된답니다.

08

정치인들은
왜 싸움만
할까요?

사람들은 깨끗하게 살고 싶으면 정치를 하면 안 된다는 말을 자주 해요. 큰 업적을 남긴 과학자나 예술가들이 정치를 하겠다고 나설 때 많은 사람들이 축하하기보다는 흉을 보거나 안타까워해요. 이렇듯 우리나라에서 정치가 나쁜 인상을 가지고 있는 것은 사실이에요.

특히 국회 의원들이 자주 욕을 먹어요. 국회 의원들은 서로 으르렁대기도 하고 비난을 일삼는 것은 보통이고, 어떨 때는 국회 의사당 안에서 몸싸움까지 벌이지요. 어디 그뿐인가요? 정치인들에게 꼭 필요한 것이 국민들에게 믿음을 주는 것인데, 오히려 국민들은 "정치인들이 하는 말을 어떻게 믿어?"라고 한답니다.

대통령이나 국회 의원 후보들은 선거에 앞서 '공약(公約)'이라는 것을 발표해요. 공약이란 '공적인 약속'으로, 자기가 당선이 되면 이런저런 일들을 하겠다고 국민들에게 공개적으로 하는 약속이에요. 그런데 많은 사람들은 이를 두고 공약(空約) 그러니까 빈 약속, 가짜 약속이라고 비웃어요. 많은 정치인들이 당선되기 위해 온갖 달콤한 말로 국민들에게 아부하는 것일 뿐이라고요. 그만큼 많은 정치인들이 막상 당선이 되고 나면 언제 그랬느냐는 듯이 시치미를 떼고 공약을 무시하는 경우가 많기 때문이지요.

이렇듯 일상생활 속에서 보는 정치는 나쁜 모습들이 많아요. 정치인들이 자신의 잇속만 차리면서도 겉으로는 국민을 위한 척하며 속이고 있다고 생각할 일이 많으니까요. 그렇다면 정치란 정말 그렇게 나쁘기만 한 것일까요? 잘 생각해 보면 꼭 그렇지만은 않답니다. 정치인들은 바로 국민들의 이익을 위해 대신 일해야 하는 사람들이에요. 그러니 반드시 좋은 정치를 하도록 해야지 못한다고 해서 없앨 수 있는 그런 것은 아니에요. 사람들은 생각이 다 다르고, 원하는 이익도 다 다릅니다. 때로는 어느 쪽도 틀린 것은 아니지만 입장이 다르기 때문에 다툼이 일어나는 경우도 많아서 더 어려운 일이에요.

그러니까 정치인들이 자신에게 투표해 준 사람들의 이익을 위해 싸우는 것은 당연하답니다. 노동자들이 많이 사는 곳에서 그들의 이익을 대변하도록 선택을 받은 사람은 노동자들을 위해 일해야 하고, 농민들이 많이 사는 곳에서 선택받은 사람들은 또한 농민들을 위한 정치를 해야 해요. 물론 국가와 국민 전체에 손해가 가지 않는 범위여야겠지만요.

그렇다고 국회 의원들이 몸싸움을 하는 것을 옳다고 이야기하는 것은 아니에요. 싸우지 않고 대화로 해결하는 것이 진짜 정치이겠지요. 하지만 자기를 뽑아 준 유권자들을 위해 법의 테두리를 벗어나지 않는 한에서 목소리를 높이고, 치열하게 다투는 활동 자체를 무조건 욕할 수는 없다는 거예요. 또한 우리나라 역사상 다수당을 거느린 독재 정권들이 힘의 우세를 이용해서 날치기로 법을 통과시키고, 야당 총재를 의원직에서 제명시키고, 정권을 연장시켰던 경우가 많았기 때문이기도 해요. 민주주의에서 다수는 중요하고 많은 경우에 다수의 의견이 채택됩니다. 그렇다고 해서 소수의 의견이 무조건 무시된다면 이 또한 민주주의를 거스르는 것이에요.

다툼을 해결하는 것이 정치의 기본이기는 하지만, 때로는 아무리 설득하고 차이를 좁히려고 해도 생각과 이해관계가 아주 달라서 해결할 수 없는 경우도 많다는 것을 인정할 필요가 있지요. 그래도 정치가 이 세상에 없다면 세상은 훨씬 더 나빠질 거예요. 힘 있는 사람들의 횡포에서 약한 사람들을 그나마 지켜 줄 수도 없을 거고요. 이렇듯 정치는 아름답고 깨끗해서 좋은 것이라기보다는 반드시 있어야 하는 거랍니다.

09

한류도
외교가 될 수
있나요?

공공 외교는 오늘날 가장 새롭게 뜨고 있는 외교 분야예요. 많은 국가들이 이를 중요하게 생각하고 예산도 많이 투입하고 있답니다. 공공 외교란 다른 나라 사람들에게 자기 나라의 문화, 역사, 종교 등을 알려 좋은 이미지와 감정을 갖게 만드는 외교를 말해요. 국가 간에 정부들이 접촉하는 전통적인 외교와 달리 문화나 예술 자원을 이용해서 외국의 대중들과 접촉함으로써 외교 관계를 확대한다는 의미가 있어요. 우리나라 외교부 홈페이지에 들어가 보면 공공 외교에 대한 짧은 설명이 있는데 다음과 같아요.

"공공 외교란 외국 국민들과의 직접적인 소통을 통해 우리나라의 역사, 전통, 문화, 예술, 가치, 정책, 비전 등에 대한 공감대를 확산하고 신뢰를 확보함으로써 외교 관계를 증진시키고, 우리의 국가 이미지와 국가 브랜드를 높여 국제 사회에서 우리나라의 영향력을 높이는 외교 활동을 말합니다."

공공 외교에는 다양한 방법과 내용이 있는데, 그중에도 문화 외교가 중요해지고 있어요. 예술이나 철학, 언어, 지식 등 문화를 수단으로 해서 다른 국가와 서로 더 잘 이해할 수 있도록 만드는 거예요. 예를 들어 미국 할리우드 영화를 보고 미국 가수의 노래를 따라 부르다 보면 그 나라에 대한 좋은 느낌을 가지게 됩니다. 이렇게 좋은 이미지를 가지게 되면 그 나라에서 만든 물건도 많이 사게 되고, 유학이나 여행도 가고 싶어지는 거예요. 이런 일들이

주니어 대학

오래 계속되면 나라 사이의 정치적인 관계도 좋아지지요.

한류가 바로 이런 공공 외교의 좋은 예랍니다. 한국의 드라마와 영화 그리고 케이팝(K-pop)에 대한 인기가 폭발하면서 중국과 일본, 동남아시아는 물론이고 유럽과 미국에서도 한국에 대한 이미지가 좋아지고 있어요. 공공 외교의 역할을 톡톡히 하는 것이지요. 정부 역시 한류의 엄청난 힘을 알고 외교에 적극적으로 이용하고 있답니다.

사실 선진국들은 문화가 외교에 끼치는 영향을 진작부터 알고 노력해 왔어요. 그래서 대사관 외에 문화원을 따로 두고 자기 나라의 문화를 상대 국가에게 알리는 일을 열심히 해 왔어요. 프랑스의 알리앙스 프랑세즈, 독일의 괴테 인스티튜트, 중국의 공자 학원 등이 그 예랍니다. 우리도 최근에 세종 학당이라는 이름으로 한글과 함께 자랑스러운 한국 문화를 알리는 일을 시작했어요.

하지만 조심해야 할 부분도 있어요. 너무 과하게 하거나 정부가 많이 간섭하면 마치 그 국가의 선전 활동으로 보여 오히려 이미지가 나빠지는 경우도 있어요. 그러므로 다른 나라 사람들이 자기 나라를 친구로 여길 수 있도록 시간을 두고 진심으로 대하는 것이 진짜 공공 외교예요.

10

정치인이 특권을
내려놓아야
한다고요?

복지처럼 정치와 잘 어울리는 말도 없어요. 왜냐하면 인간 사회는 제한된 자원을 놓고 서로 갈등하는 것인데, 바로 그 갈등을 공평하게 해결하는 것이 정치이니까요. 정치가 없다면 힘없고 가난한 사람들은 행복해질 수가 없을 거예요. 힘없고 가난한 사람들을 국가가 공적으로 돕는 것이 복지 정책이므로 복지가 정치의 본질과 그대로 닿아 있다고 할 수 있지요. 그러므로 국가가 공적으로 복지 제도를 운영해 불공평한 사회를 조금이라도 개선하는 것은 곧 정치의 꽃이라고 할 수 있겠지요?

우리나라도 이런 복지 정책에 많은 힘을 쏟고는 있지만 스웨덴 같은 나라와 비교하면 턱없이 부족해요. 중요한 이유 중의 하나는 역시 정치 능력의 부족이 아닐까 생각해요. 이를 뒤집어 말하면 스웨덴의 정치는 우리보다 훨씬 잘하고 있다는 말이겠지요?

『우리가 만나야 할 미래 : 스웨덴의 한가운데서 우리가 꿈꾸는 대한민국을 만나다』는 스웨덴 쇠데르텐 대학교 정치학과 최연혁 교수가 쓴 책이에요. 25년간 스웨덴에서 생활하며 쌓은 지식과 경험들을 나누며, 우리 대한민국 미래의 모델을 제시하고 있답니다.

최 교수가 전해 주는 스웨덴 정치인의 삶을 간단히 소개해 볼까요? 일단 스웨덴의 정치인은 세상에서 가장 고된 직업이라고 해요. 의원 임기가 우리와 마찬가지로 4년인데요, 4년의 임기가 끝나면 다시 선거에 도전하지 않고 그만두거나 직업을 바꾸는 비율이 무려 30퍼센트나 된다고 해요. 의원 수가 349명이니 100명 이상이 떠나는 것이지요. 놀랍지 않나요? 떠나는 의원들이 이구동성으로 말하는 이유가 바로 업무 강도가 너무 세다는 것이랍니다.

1년 중에 10개월 동안 의회가 열리는 데다가 매일 출근해 하루 종일 업무를 해야 하는 것도 모자라서 밤을 새워 공부하고, 자료를 준비한대요. 가족들과 보낼 시간이 거의 없겠지요. 더욱이 보좌관을 둘 수가 없어 혼자 일을 도맡아 처리해야 한대요. 만나고 싶은 국회 의원이 있으면 한밤중에 의회 도서관에 가면 언제든지 만날 수 있다는 말이 있을 정도라고 하네요. 게다가 월급도 보통 사기업의 중간급 간부 정도에 불과하고, 의원직은 임시직 즉 비정규직이어서 연금 혜택도 매우 적어 은퇴 이후 생활이 어려운 의원들도 많다고 해요. 이러한 희생에도 불구하고 조그만 실수나 잘못이라도 하게 되면 국민들로부터 가혹하게 버림받지요.

한국이나 스웨덴이나 정치인은 인기가 없다는 공통점이 있다는데, 자세히 보면 번지수가 전혀 다른 얘기랍니다. 한국의 정치인들은 특권 남용과 부패 등으로 인해 국민들에게 인기가 없지만, 스웨덴의 정치인들은 일이 힘들어 직업으로서 인기가 없다는 뜻이거든요. 일이 너무 고되고 돈도 많이 벌지 못하지만, 스웨덴 국회 의원들은 국민의 행복을 위해 봉사하고 희생한다는 자부심이 대단해요. 정치인이 특권을 내려놓으면 국민이 행복을 얻는 것이고, 내려놓지 않으면 정치인만 행복하고 국민은 불행해지는 이치라고 할 수 있지요.

1995년 칼손 스웨덴 총리가 자리에서 물러나기 위해 차기 당대표를 지명하고자 했어요. 그때 5명의 후보가 있었는데, 유력한 후보 4명이 모두 거절하는 바람에 꼴찌 후보가 지명되는 일이 일어났어요. 가장 유력한 후보는 지금은 초등학생인 자녀에게 아빠가 가장 필요한 때라는 이유를 들어 거절했어요. 두 번째와 세 번째 후보는 자신들이 총리가 될 자격과 능력이 없다고 거절했지요. 네 번째 후보는 정치인이란 자신이 정해 놓은 목표를 이룰 때까지만 하는 것이라는 지론이 있는데, 자기의 목표에 총리직은 없다고 말했어요. 참으로 대단하지요?

스웨덴이 늘 이렇게 행복의 상징과도 같은 나라였던 것은 아니랍니다. 18세기 말부터 19세기 초까지 극심한 빈곤에 시달리다 못해 인구의 3분의 1이 먹고살기 위해 이민을 떠났던 나라예요. 그런데 지금은 모두가 꿈꾸는 나라로 다시 태어났어요. 이런 변화를 가능하게 한 중심에는 정치인의 희생을 통한 정치의 힘이 있어요. 정말 정치는 개인의 영광이 아니라 국민의 행복을 위해 일할 사람만이 해야 하는 일인 것 같아요. 우리나라가 스웨덴처럼 행복한 국가가 되려면 이런 정치인들이 많이 나와야 할 거예요.